工业和信息化职业教育“十二五”规划教材立项项目

高等职业院校通识教育“十二五”规划教材

应用文写作实训

Practical Writing

罗永妃 王强 ■ 主 编

陈媛萍 刘吉第 刘志勇 ■ 副主编

人民邮电出版社

北 京

图书在版编目（CIP）数据

应用文写作实训 / 罗永妃，王强主编. -- 北京 :
人民邮电出版社，2013.12（2018.2重印）
高等职业院校通识教育“十二五”规划教材
ISBN 978-7-115-35749-6

Ⅰ. ①应… Ⅱ. ①罗… ②王… Ⅲ. ①汉语－应用文
－写作－高等职业教育－教材 Ⅳ. ①H152.3

中国版本图书馆CIP数据核字(2014)第157330号

内容提要

本书以提高学生的日常应用文写作能力和相应的素质修养为追求的目标，以“打基础、提兴趣、尚实用、强素质”为宗旨，着眼于高职学生群体或个体在日常的学习和生活中经常使用的应用文来训练，将应用文内容划分为四个模块，即事务文书、公务文书、经济文书、礼仪文书。每一文种的写作训练都设计有客观题和主观题，不仅题量丰富，而且题型多样。

本书适合作为作为中等、高等职业院校“应用写作”课程的教学用书，也可以作为高校相关教学人员以及机关单位相关人员的参考用书。

◆ 主　编　罗永妃　王　强
副 主 编　陈媛萍　刘吉第　刘志勇
责任编辑　王亚娜
执行编辑　喻智文
责任印制　张佳莹　杨林杰

◆ 人民邮电出版社出版发行　　北京市丰台区成寿寺路 11 号
邮编　100164　　电子邮件　315@ptpress.com.cn
网址　http://www.ptpress.com.cn
北京隆昌伟业印刷有限公司印刷

◆ 开本：787×1092　1/16
印张：7.75　　2013 年 12 月第 1 版
字数：130 千字　　2018 年 2 月北京第 7 次印刷

定价：19.80 元

读者服务热线：(010)81055256　印装质量热线：(010)81055316
反盗版热线：(010)81055315

前言

在现代社会生活中，任何新思想、新发明、新技术、新成果和新产品的传播和使用，都离不开语言、文字、图表三种表达方式，而应用文作为这三种表达方式的信息载体和交际工具，不仅日益深入到社会政治、经济、文化、科技、生活等各个领域，而且，作为个人能力与素质的体现，逐渐被纳入人才评价标准的视野。应用写作是我国公务员考试和各行各业公开招聘、考试不可缺少的一门科目。许多公司、企业在聘请员工时，都十分注重考查应用文的写作能力，更有人把应用写作能力列为“八大职业核心能力”之一。

为此，作为公共基础课的“应用文写作”课程日益受到高职院校的重视，绝大多数院校都在各专业开设了这门课程。但是，“应用文写作”课程教学效果不佳又是一直困扰着我们的事情，这里面的原因是多方面的，重理论教学，而轻实训应该是重要的因素之一。

为了解决教学中实训难，学生训练少的问题，我们决定编写一本以高职高专学生日常的学习和生活为内容构架、注重实操性的应用文写作实训教材。该书针对性强，以提高学生的日常应用文写作能力和相应的素质修养为追求的目标，以“打基础、提兴趣、尚实用、强素质”为宗旨，着眼于高职学生群体或个体在日常的学习和生活中经常使用的应用文来训练，将应用文内容划分为4个模块，即事务文书、公务文书、经济文书、礼仪文书。该实训教材淡化理论，强化实践，实训内容设计合理，融写作知识、写作实践于工作过程的职业情境中，每一文种的写作训练都设计有客观题和主观题，不仅题量丰富，而且题型多样，既为学生的校园学习和生活提供切实的帮助，又为走向社会的写作实践打下基础，不求全面，但求实用。

希望本书对各位老师的教学带来一点帮助，更希望能够成为广大学生朋友学习和生活中的“良师益友”。限于学识、时间等因素，虽竭尽全力，错漏肯定犹存，诚恳地期望使用本书的广大师生提出真诚而宝贵的意见和建议，以便有机会修订时更趋完善。

编　者

2013年7月

目录

绪论

I. 实训目的

通过本次训练，使学生掌握应用文写作基础理论。

II. 实训要求

1. 授课教师要对本次实训任务有整体的把握。

2. 授课教师要对本次实训的任务分配及其对应的分值予以详尽的介绍，如果是分组完成，要做好相应的协调工作。

III. 实训考核

实训结束，教师对学生的实训情况进行考核，教师综合各考核因素对学生实训成绩进行评定并赋分，成绩评定可按百分制或五级制（优秀、良好、中等、及格、不及格）。对于实训成绩不及格的学生必须进行补训，补训合格才能获得该任务的分数。

IV. 实训任务

一、应用文的含义、特点和分类

【知识回顾】

一、判断题

1. 应用文作为一种实用文体，审美性是其最根本的特点。(   )

2. 我国应用文的发展经历了2000多年的历史。(   )

3. 现代社会传播信息的方式很多，所以以书面形式来传播信息就不如过去重要。(   )

4. 应用文是一切社会组织和个人进行社会活动和处理个人事务必不可少的工具。(   )

二、单项选择题

1. 应用文作为一种实用性文本，(   )是其最根本的特点。

A. 审美性　　B. 实用性

C. 工具性　　D. 理论性

2. 应用文较为固定的程式性结构和程式化语言，是在长期使用中逐步形成并为社会所公认和接受的，是“(   )”，有些又是法规确认的，是“法定使成”。

A. 长期形成

B. 政策规定

C. 约定俗成

D. 文人约定

3. (   )是应用文的生命。文学作品则可以在艺术真实的前提下，进行虚构和夸张。

A. 使用　　B. 真诚

C. 真实　　D. 工具

4. 殷商时期的(   )记录了当时有关天文、气象、祭祀、征伐等方面的情况，它是我国最早的应用文。

A. 甲骨卜辞　　B.《尚书》

C.《盘庚》　　D.《洪范》

三、多项选择题

1. 应用文是(　　)在日常工作、学习、生活中使用的具有直接效用和一定体式的文书，是处理公务和私务、传递信息、表达思想、指导实践的工具。

A. 党政机关　　B. 企业单位

C. 社会团体　　D. 人民群众

E. 事业单位

2. 应用文的特点主要有(　　)。

A. 实用性　　B. 工具性

C. 时效性　　D. 规范性

E. 真实性

3. 应用文的时效性的含义包括(　　)。

A. 科学性　　B. 新闻性

C. 及时性　　D. 时代性

E. 作用时间的有效性

【写作实践】

四、思考题

请分析在教材案例导入中赵梅写的总结主要有哪些问题？文学写作和应用写作有哪些区别？

二、应用文的主题与材料

【知识回顾】

一、判断题

1. 应用文的主旨是客观社会生活的产物。(　　)

2. 应用文的主旨是决定一篇应用文价值的首要因素。(　　)

3. 材料是写入文章中用来支撑主旨的事实、数据和理论依据。(　　)

4. 选择材料可以随意添枝加叶、移花接木。(　　)

二、单项选择题

1. 一篇应用文的指导思想必须与党和国家的指导思想、路线、方针政策相一致，这是对应用文主旨的（　　）要求。

A. 正确　　B. 鲜明

C. 集中　　D. 单一

2. 为写作而搜集、准备的具有一定意义和价值的全部材料，属于（　　）。

A. 狭义的材料　　B. 事实材料

C. 广义的材料　　D. 数据材料

3. 下列不属于对应用文主旨要求的是（　　）。

A. 集中　　B. 正确

C. 鲜明　　D. 间接

4. 来源于实践，又为实践所验证了的理论、思想、观点是（　　）。

A. 事实性材料　　B. 具体材料

C. 理论性材料　　D. 直接材料

5. 写作者通过全篇内容表达出来的贯穿全文的写作意图、观点和公务活动的行为意向称为应用文的（　　）。

A. 立意　　B. 主旨

C. 构思　　D. 实用性

6. 应用文的撰稿人必须根据国家有关方针、政策和相关规章制度，针对问题，表明自己的观点，因此立意具有（　　）。

A. 时代性　　B. 客观性

C. 观念性　　D. 主观性

三、多项选择题

1. 应用文对主旨的要求主要有（　　）。

A. 深刻　　B. 正确

C. 含蓄　　D. 鲜明

E. 集中

2. 在选择材料时，应注意（ ）。

A. 以主旨为中心

B. 鉴别真伪，选取真实准确的材料

C. 为了使材料生动典型，将几个单位的材料写到一个单位

D. 选择能反映事物本质与特点的材料

E. 选择新颖的材料

四、简答题

1. 简述材料和主旨的关系。

2. 结合自己的写作实践，谈谈主旨的提炼和形成过程。

【写作实践】

五、阅读下面各段文字并归纳出各段段旨

1. 请看一组数字。从21世纪初到70年代中期，全世界农业用水量增长7倍，而工业用水量增长20倍。目前，已有63个国家和地区面临缺水危机。我国是一个淡水资源贫乏的国家，人均淡水占有量只有2700吨，只及世界平均水平的1/4，居世界第84位。我国淡水资源的分布与人口和耕地的分布是不相适应的，80%集中在长江以南，所以，有一个南水北调的任务。因此，从全局出发，我们必须十分重视长江水源的保护。

2. 反腐败斗争涉及面较广，特别是行业不正之风，几乎侵蚀到各行各业以及这些行业的许多方面。因此要全面抓好思想教育，从根本上提高干部队伍的素质，坚决制止以手中的职权谋利的歪风，大力发扬全心全意为人民服务的精神，表彰为国家、集体、社会作出奉献的优秀人物，切忌鼓吹“一切向钱看”。要大力加强思想道德教育，特别是职业道德教育，树立良好的社会风尚，清理产生不正之风的社会环境条件。

三、应用文的结构与表达

【知识回顾】

一、单项选择题

1. 应用文结构的特点是（ ）。

A. 独创性　　　　B. 规范性

C. 个性化　　D. 专业性

2. 应用文体语言的基本要求是（　　）、简明、平实、得体。

A. 生动　　B. 幽默

C. 端正　　D. 准确

3. 应用文语言的特点之一是（　　）。

A. 间接性　　B. 修饰性

C. 平实庄重　　D. 富有文采

4. 下列词语属过渡用语的是（　　）。

A. 鉴此　　B. 收悉

C. 务希　　D. 据查

5. 下列词语属开头用语的是（　　）。

A. 鉴此　　B. 当即

C. 务希　　D. 据查

6. “恭请、惠示、承蒙惠允、不胜荣幸”等用语，是公文中常见的（　　）。

A. 开端用语　　B. 期请用语

C. 谦敬用语　　D. 结尾用语

7. “各级银行要积极________税款征收部门做好这项工作。”画线处应该是（　　）。

A. 帮助　　B. 辅助

C. 协助　　D. 互助

8. “铁路沿线各级人民政府和有关部门，应当把保障铁路运输生产安全作为一项重要任务，积极支持铁路部门工作，共同________铁路治安。”画线处应是（　　）。

A. 维护　　B. 加强

C. 促进　　D. 保证

9. “对伪造国库券的，依法________刑事责任。”画线处应是（　　）。

A. 追查　　B. 追究

C. 判处　　D. 处以

10. “改进评价考核指标的工作，需要有关部门和各地区________合作，有步骤地实施。”画线处应是（ ）。

A. 尽力　　B. 全力

C. 通力　　D. 鼎立

11. “事故的根本原因是猴场镇政府与大湾区办矿农民________国家有关规定和上级政府的决定，不顾采煤农民的生命安全，冒险蛮干，违法办矿，违章作业。”画线处应是（ ）。

A. 藐视　　B. 无视

C. 忽视　　D. 轻视

12. “贵州省这起事故伤亡惨重，教训深刻，________了当前乡镇煤矿安全生产所存在的严重问题。”画线处应是（ ）。

A. 揭示　　B. 说明

C. 暴露　　D. 证实

13. “对制造、销售假冒伪劣药品、食品、农药、化肥、种子和商标标识的违法犯罪分子，________数额巨大、危害严重的不法分子，团伙作案的首要分子，以及惯犯，要依法从重从严惩处。”画线处应是（ ）。

A. 赢利　　B. 盈利

C. 渔利　　D. 牟利

14. “现将我局《2004 年工作总结和 2005 年工作要点》报上，请________。”画线处应是（ ）。

A. 审查　　B. 指示

C. 审批　　D. 审阅

15. “欠税滞纳金的课征，由税款征收部门________滞纳金通知书，欠税单位的开户银行负责扣缴。”画线处应是（ ）。

A. 出具　　B. 开列

C. 提供　　D. 下发

16. “各医疗卫生单位应储备一定的急救药物，以备________之需。”画线处应是（ ）。

A. 适时　　B. 一时

C. 不时　　D. 随时

17. “兹送去新科技新材料展览会入场券 50 张，请________。”画线处应是（　　）。

A. 查核　　B. 查复

C. 查收　　D. 查询

18. “本次活动经费自筹，参加者每人暂交 300 元，多还少补，交通、食宿费________。”画线处应是（　　）。

A. 自担　　B. 自负

C. 自理　　D. 自付

19. “近几年来，我国乡镇煤矿发展很快，对________能源紧张状况、支援国民经济建设作出了很大的贡献，但随之也带来严重的安全问题。”画线处应是（　　）。

A. 消除　　B. 解决

C. 缓和　　D. 控制

20. “展销会广告和会场布置等费用共计约需 4 万元，________县政府拨款解决。”画线处应是（　　）。

A. 恳请　　B. 谨请

C. 拟请　　D. 惠请

【写作实践】

二、将下面画横线处用语不规范的词句加以修改，使得符合公文语体

统一战线工作是党的一个重要法宝，作为党的一个政治优势，一项长期方针，它是我国一项基本政治制度，是党的总路线和总政策的重要组成部分，也是高校党的工作的重要方面。因此，一定要踏踏实实，好好地学《关于统战工作的意见》，把精神学到手，用得上，对进一步加强学院统战工作具有深远意义。①

我院现有民主党派成员来自好多，大概有五个不同的民主党派组织，②高学历、高职称的党外知识分子的无党派代表人士也好多，其中有的还被推选为各级人大代表、政协委员，他们本领大，思想跟得上趟，素质没的说，有层次高、影响大的特点。③他们中许多是教学科研骨干、学科带头人、行政负责人，在教学科研和管理方面我们要把他们当靠山，是依靠。④做好学院统战工作，调动广大党外知识分子的积极性，是建设社会主义政治文明的需要，

是我院为首都经济建设和社会发展以及服务“农业、农村、农民”也少不了，⑤是推动学院统一战线事业兴旺发达的需要，同时也是实现学院改革发展目标，把我院建设成为全国一流的高等农业职业学院的需要。

①____________________

②____________________

③____________________

④____________________

⑤____________________

模块一

常用事务文书

任务1　条　　据

I. 实训目的

通过本次训练，使学生掌握各种常用条据的结构内容与写作方法。

II. 实训要求

1. 授课教师要对本次实训任务有整体的把握。

2. 授课教师要对本次实训的任务分配及其对应的分值予以详尽的介绍，如果是分组完成，要做好相应的协调工作。

III. 实训考核

实训结束，教师对学生的实训情况进行考核，教师综合各考核因素对学生实训成绩进行评定并赋分，成绩评定可按百分制或五级制（优秀、良好、中等、及格、不及格）。对于实训

成绩不及格的学生必须进行补训，补训合格才能获得该任务的分数。

IV. 实训任务

【知识回顾】

一、单项选择题

1. 条据虽然小，也属于（　　）。

A. 记叙文　　B. 议论文

C. 应用文　　D. 散文

2. 请假条一般在个人向单位请假时使用，个人对个人（　　）。

A. 可以使用

B. 不可以使用

C. 有时能使用

D. 有时不能使用

3. 个人向单位借钱、借物，写借条时，一般正文第一句就要说明（　　）。

A. 被借一方的单位或个人名称

B. 领导人姓名

C. 借钱物的人的姓名

D. 会计或出纳姓名

4. 如果替人代收钱物，代收人写的收条应该在正文第一行写有（　　）。

A. 今借到　　B. 今收到

C. 今代收到　　D. 代收到

5. 凭证性条据的数字如果写错，在原处更正后，应该（　　）。

A. 在更正处签名

B. 在更正处加盖印章

C. 在条据后说明情况

D. 不做任何处理

6. 凭证性条据落款处日期的正确写法是（　　）。

A. 写明何月何日，不必写年

B. 写明何日即可，不必写年月

C. 可以省略日期不写

D. 必须准确写明何年何月何日

二、判断题

1. 写借条或收条可以使用铅笔或圆珠笔。(　　)

2. 请假条与借条都是凭证性条据。(　　)

3. 收到对方钱物后写给对方作为依据的字条，称为“收据”。(　　)

4. 借条由借出者保留，直到借方归还钱物时才能销毁。(　　)

5. 凭证性条据可以在文后使用致敬语。(　　)

6. 所有留言条使用后，一律具有保留的价值。(　　)

三、下面画横线的地方有误，请改正过来

1. 说明性条据有请假条、留言条和收据三种。

请改为：________________。

2. 为人代借东西，写借条时，可以在“借到 ”前，加上自己的名字。

请改为：________________。

3. 如果收到对方归还的钱物，不仅写收条，还要把原来写的借条当场销毁，以示钱物还清。

请改为：________________。

4. 请假条必须写称呼，称呼要写在首行正中。

请改为：________________。

【写作实践】

四、改错题

1.

请假条

李老师：

我有事请假三天，请批准。

学生：王小萍

2.

托事条

李宁：

听说明天你去深圳 ，请帮我买一件冬衣回来，谢谢！

林小萍托

2008 年 5 月 1 日

3.

借　条

今借到张晓刚 650 元，3 天后归还。

此据。

李晓华

五、根据以下材料写条据

1. 2013 年 1 月 25 日，赵文妈妈生病，赵文爸爸不在家，赵文需要在家照顾妈妈，要向老师请假一天，请以赵文名义写一张请假条。

2. 李用和王涛约好 4 月 10 日下午去百花书店买书，可李用临时有急事要出去，请以李用名义给王涛写留言条。

3. 王文向李嘉诚借了 8960 元，答应 1 个月后还他。请以王文名义给李嘉诚写一张条据。

4. 张应家建房，欠工人王磊工钱 7245 元，请以张应名义给王磊写一张条据。

5. 班级体育训练，老师请王含去体育室拿 3 个铅球、10 根跳绳，请以王含名义向体育室保管员写一张条据。

6. 钟星是宏大商场采购部经理，2013 年 6 月 5 日，他收到长虹电器股份有限公司送来的货物 2158 型彩电 50 台。请以钟星名义给对方送货员开具一张临时性收条。

7. 张阳是组装车间主任，6 月 5 日他从劳保用品仓库领到了如下劳保用品：工作服 30 套、防护口罩 60 个、手套 60 双。请以张阳名义向仓储员写一张条据。

六、情境写作

新学期开学伊始，张应迎来了自己期盼已久的新生军训生活。由于刚进入大学，对饮食等还不适应，加之军训辛苦，张应患上感冒，低烧 38 度，于是他向他的辅导员李用老师请假三天。

张应的母亲李雯得知此情况后，急忙给他送了些营养品，并带来 300 元医药费。当天，张应的母亲到达学校后，得知自己的孩子外出就医，于是她将营养品和 300 元现金转交给儿子同寝室室友赵文，并将开学初张应借取赵文的 100 元现金归还赵文，剩余的 50 元等张应返校后归还，并拜托赵文要将张应奶奶生病康复出院的消息告知张应。请替张应和张应妈妈李雯代写所需用到的条据。

任务2 申 请 书

I. 实训目的

通过本次训练，使学生掌握申请书的结构内容与写作方法。

II. 实训要求

1. 授课教师要对本次实训任务有整体的把握。

2. 授课教师要对本次实训的任务分配及其对应的分值予以详尽的介绍，如果是分组完成，要做好相应的协调工作。

III. 实训考核

实训结束，教师对学生的实训情况进行考核，教师综合各考核因素对学生实训成绩进行评定并赋分，成绩评定可按百分制或五级制（优秀、良好、中等、及格、不及格）。对于实训成绩不及格的学生必须进行补训，补训合格才能获得该任务的分数。

IV. 实训任务

【知识回顾】

一、填空题

1. 申请书是个人或集体向组织、机关、企事业单位或社会团体＿＿＿＿＿＿＿、＿＿＿＿＿＿＿＿＿＿时使用的一种文书。

2. 申请书具有以下两个特点：＿＿＿＿＿＿＿＿和＿＿＿＿＿＿＿＿＿＿。

二、单项选择题

1. 下列关于申请书表述正确的一项是（　　）。

A. 申请书是个人因某种需要而写给上级的

B. 申请书只能写给单位或组织

C. 写申请书是为了表明志愿、提出请求

D. 入团、入党用的是志愿书不能用申请书

2. 申请书的主体部分要写明（ ）。

A. 申请的具体内容　　B. 申请的理由

C. 申请人的基本情况　　D. 申请的态度

【写作实践】

三、写作题

1. 目前大学校园里有许多学生社团，如文学社、书画社、英语协会、音乐沙龙、志愿者协会等。这些社团都是由学生自发组成的群众团体，他们的成员都有某一方面的特长或爱好。加入自己喜欢的社团，可以通过学习和锻炼进一步发挥和提高自己的能力水平，也可以为学校的校园文化建设发挥自己的作用。这些社团都有自己的规章制度，想加入某个社团本人须提出申请，得到批准才能正式成为其中的一员。现在请你根据自己的爱好、特长给××社团的社团长写封申请书要求加入该社团。

2. 2005 年 10 月，李芳芳调入信息中心通信部，任话务员。在 5 年时间里，她学到了很多知识和本领，和大家相处得非常愉快。2010 年 10 月，由于父母希望她回老家工作，便于生活上互相关照，她给单位领导写了封离职申请书。在申请书中，首先自我介绍，并感谢各位领导对她的信任和栽培，感谢各位同事给予的帮助和关心。接着陈述自己离职的理由，希望能在 2010 年 12 月 31 日正式离职，并保证积极配合做好交接工作。最后希望领导对她的申请予以考虑并批准。请根据上述情况，按照申请书的格式，代李芳芳拟写这封申请书。

任务3 启　　事

I. 实训目的

通过本次训练，使学生掌握常用启事的结构内容与写作方法。

II. 实训要求

1. 授课教师要对本次实训任务有整体的把握。

2. 授课教师要对本次实训的任务分配及其对应的分值予以详尽的介绍，如果是分组完成，要做好相应的协调工作。

III. 实训考核

实训结束，教师对学生的实训情况进行考核，教师综合各考核因素对学生实训成绩进行评定并赋分，成绩评定可按百分制或五级制（优秀、良好、中等、及格、不及格）。对于实训成绩不及格的学生必须进行补训，补训合格才能获得该任务的分数。

IV. 实训任务

【知识回顾】

一、单项选择题

1. 张明在篮球场打球，意外捡到一只黑色钱包，请你为他选择合适的启事帮助失主找到（　　）。

A. 寻物启事　　　　B. 招领启事

C. 招新启事　　　　D. 招聘启事

2. 招领启事中将拾到物品的名称、数量、特征写得很详细，会导致（　　）。

A. 冒领　　　　B. 便于找到

C. 缩短寻找辨别时间　　　　D. 无任何后果

【写作实践】

二、病文评改

下面是一则庆典启事，请指出其毛病，并写出修改稿。

××大学（1905—2005）百年校庆启事

今年 10 月 2 日，将是中国近代名校即 × × 大学的百年诞生日。

为迎接百年校庆，我校成立百年校庆筹备委员会，恭请全世界凡在北洋大学、天南大学学习和工作过的师生员工回母校活动。同时学校拟编《校史资料集》《优秀论文集》，请各界校友踊跃支持。

热烈欢迎海内外校友为母校的发展作出贡献。

邮政编码：（略）

联系电话：（略）

电子信箱：（略）

三、请根据以下材料写启事

绿芽文学社是一个由许多爱好文学写作的同学组成的学生课外活动社团，一年一度的招新又要开始了。绿芽文学社在全校新生招募新成员。张应是今年刚进入大学的大一新生，酷爱文学写作的他看到招新启事后，立即行动。一切进行得非常顺利，张应通过笔试、面试考核，成了文学社的一员。9 月 23 日，他按时来到社团办公室处理工作，可是因为自己疏忽大意，将老师已经批字同意的“我的寝室，我的小家”演讲比赛活动方案丢失了，他为此万分着急。大二学生赵文同学无意间，在食堂吃饭时捡到这份文件，请你替他写一份招领启事。

请根据以上情境完成如下写作任务：

1. 请以该社团的名义向全校学生写一则招新启事。

2. 请以张应名义写一则寻物启事。

3. 请以张文名义写一则招领启事。

任务4 会议记录

I. 实训目的

通过本次训练，使学生掌握会议记录的结构内容与写作方法。

II. 实训要求

1. 授课教师要对本次实训任务有整体的把握。

2. 授课教师要对本次实训的任务分配及其对应的分值予以详尽的介绍，如果是分组完成，要做好相应的协调工作。

III. 实训考核

实训结束，教师对学生的实训情况进行考核，教师综合各考核因素对学生实训成绩进行评定并赋分，成绩评定可按百分制或五级制（优秀、良好、中等、及格、不及格）。对于实训成绩不及格的学生必须进行补训，补训合格才能获得该任务的分数。

IV. 实训任务

【知识回顾】

一、简答题

1. 请简述会议记录的方式。

2. 请说明会议记录和会议纪要的主要区别。

【写作实践】

二、请根据自己最近参加的一次的会议（班会或社团会议等）整理出一篇会议记录

三、请仔细阅读下面的情境，结合会议内容，整理撰写一份现场会议记录

2008 年 1 月 7 日上午 9:00—11:30，北京经济技术投资开发总公司 2008 年度工作会议在博大大厦召开。对 2007 年总公司的工作进行了全面总结，明确指出了 2008 年工作指导思想、奋斗目标和任务。对总公司加快重点项目推进、创新体制机制、打造投融资平台、推进精细化管理、党群工作建设进行了全面部署。开发区工委副书记、管委会主任张伯旭出席会议并讲话，总公司党委书记、总经理赵广义代表总公司作工作报告，会议由总公司副总经理白文主持。总公司副总经理罗伯明、总会计师宋卫民出席会议，总公司各部门、各单位副经理以上人员以及员工代表近 200 余人参加了会议。 会上，罗伯明宣读了关于 2007 年度总公司各单位经营目标、工作任务及项目管理任务完成情况的考核意见和奖励决定。赵广义与各子公司签订了 2008 年《经营责任书》。赵广义以《开拓创新求真务实全面提高总公司为开发区服务水平和能力》为题作工作报告，报告回顾了总公司 2007 年度工作。报告指出，在过去的一年，总公司党委和总公司各单位，努力以邓小平理论和“三个代表”重要思想为指导，认真落实科学发展观，在开发区工委、管委会的领导下，紧紧围绕“为开发区发展服务”这一主题，狠抓薄弱环节，拓展发展空间，创新机制体制，完善法人治理结构，各项工作取得了较大进步，超额完成了 2007 年各项工作目标。2007 年总公司实现营业收入 49550 万元，比 2006 年增长 31%。实现利润总额 3500 万元，比 2006 年增长 62%。报告指出，2008 年总公司总的指导思想是，要以邓小平理论和“三个代表”重要思想为指导，认真学习贯彻党的十七大精

神，全面落实科学发展观，按照市委、市政府的要求和刘淇书记“8·24 讲话”、郭金龙市长在开发区调研时讲话精神，在开发区工委、管委会的领导下，紧紧围绕开发区发展对总公司定位的要求，以体制创新为动力，以确保安全为重点，以提高和发展职工素质为支撑，以加强党群工作和企业文化建设为保障，进一步做强、做大主业，不断提高核心竞争力，增强企业发展活力，提高经济增长质量和效益，实现总公司又好又快发展，为总公司向现代集团公司迈进奠定坚实的基础。 报告提出了 2008 年总公司工作的具体要求，必须牢牢记住总公司的使命；必须紧紧抓住提高管理不放；必须在提高干部素质上下功夫；必须把党群工作放在突出位置；必须解放思想、抓住机遇、坚定信心、克服困难、发扬团结、创新、求实的精神，以更高的标准完成好为开发区发展服务的各项工作任务。 张伯旭对总公司 2007 年取得的成绩给予了充分的肯定，他指出，总公司牢固树立大局意识，积极发挥建设和服务功能，超额完成了各项工作目标，为开发区发展做了大量的卓有成效的工作。同时总公司也做了大量的基础工作，进一步优化了公司内部结构，加强了内部管理，启动了一批新的建设项目，壮大了公司资本实力，正在积极搭建投融资平台和扩展服务性项目，呈现出服务优先的理念，基础做得更实、工作效率更高，表现出勃勃生机的景象。在全面分析了面临的形势后，张伯旭强调，总公司的发展要实现任务理念上的提升、规范功能上的提升、管理职能上的提升、任务标准上的提升。总公司要紧紧围绕“开发区基础设施建设、国有资产保值增值、大力发展生产性服务业、投资业务、积极搭建与开发区发展相适应与市场需求相匹配的各类经营与服务平台”的工作任务，继续积极推进各项工作，发挥更大的作用。同时，总公司要进一步提高现代市场条件下经营管理水平，进一步扩展经营领域和范围，进一步加强干部队伍优秀人才的培养和吸引力度，按照更高的工作目标和工作标准，努力为开发区的建设作出新的更大的贡献。

任务5　计　　划

I. 实训目的

通过本次训练，使学生掌握计划的结构内容与写作方法。

II. 实训要求

1. 授课教师要对本次实训任务有整体的把握。

2. 授课教师要对本次实训的任务分配及其对应的分值予以详尽的介绍，如果是分组完成，要做好相应的协调工作。

III. 实训考核

实训结束，教师对学生的实训情况进行考核，教师综合各考核因素对学生实训成绩进行评定并赋分，成绩评定可按百分制或五级制（优秀、良好、中等、及格、不及格）。对于实训成绩不及格的学生必须进行补训，补训合格才能获得该任务的分数。

IV. 实训任务

【知识回顾】

一、填空题

1. 计划的主要特点是________________、________________和________________。

2. 计划“三要素”是________________、________________和________________。

二、单项选择题

1. 计划的依据包括在（　　）部分。

A. 主体　　B. 前言

C. 结尾　　D. 标题

2. 计划的重点是（　　）。

A. 标题　　B. 前言

C. 主体　　D. 结尾

3. 由领导个人凭着良好的愿望杜撰出来的计划，只能是无源之水、无本之木，可能令人无法执行，因此计划在写作时要求（　　）。

A. 论证充分　　B. 条理清楚

C. 内容全面　　D. 集思广益

4. 对某项工作从目的要求、方式方法到具体进度所做的全面计划是（　　）。

A. 打算　　B. 方案

C. 安排　　D. 要点

5. 为便于执行检查，计划在时间、数量、质量、目的、任务等方面写作时要求（　　）。

A. 面面俱到　　B. 条理清楚

C. 表述准确　　D. 实事求是

6. 计划是对未来的规定，难免有预测不到的地方，因此，计划在写作时要求（　　）。

A. 留有余地　　B. 实事求是

C. 模糊不清　　D. 论证充分

7. 计划的措施包括在计划的（　　）中。

A. 标题　　B. 前言

C. 主体　　D. 结尾

8. 计划的前言部分包括（　　）。

A. 措施　　B. 步骤

C. 分工　　D. 依据

9. 计划中的每一项内容都为保证实现目标而服务，为其谋划最全面、最优化的策略和步骤，落实具体的措施和方案等，因此计划具有（　　）的特点。

A. 强迫性　　B. 目的性

C. 主观性　　D. 针对性

三、多项选择题

1. 计划的特点是（　　）。

A. 预见性　　B. 目的性

C. 规范性　　D. 盲目性

E. 可行性

2. 计划的主体一般包括（ ）。

A. 阐述依据　　B. 任务和目标

C. 措施和方法　　D. 步骤和注意事项

E. 分工

四、判断题

1. 计划的目标不能留有余地，制订了就要坚决执行。（ ）

2. 计划的实质是对理想、目标的具体化。（ ）

3. 计划虽不是正式公文，但一经机关会议通过和批准，就具有正式文件的效能，在它所管辖的范围内，就具有了权威性和约束力。（ ）

【写作实践】

五、下面是一篇缺少标题、小标题并打乱了次序的工作计划大纲，请你按照计划的写作格式，调整次序并在需要的位置添加小标题，给全文拟制标题

调整后的次序请用段落前的字母表示。正确次序是________________________

标题是________________________________

A. 全市农村经济总收入到 2006 年达到 63693.19 万元，较 2005 年年均增长 12.77%，农牧民收入达到 4751.11 元，较 2005 年年均增长 6.7%。

B. 全面推广良种补贴项目及种子工程的实施。通过该项目的实施，我市常规种子良种覆盖率 2006 年达到 60%，增长 15%。杂交种子良种覆盖率争取达到 100%。

C. 大力推广测土配方施肥技术。2006 年全市计划测土配方施肥面积 40 万亩，其中新测土面积 10 万亩，化肥土样 330 个。

D. 2006 年全市各种农作物计划种植面积 92 万亩，其中小麦计划面积在 25 万亩，平均单产 340 千克，总产 8500 万千克；油料作物计划面积 10 万亩，单产 120 千克，总产达到 1200 万千克；玉米计划面积 15 万亩，单产 730 千克，总产 10950 万千克；亚麻计划面积 4 万亩，单产 250 千克，总产 1000 万千克；蔬菜计划面积 3 万亩；啤酒花计划面积 1500 万亩。

E. 加大无公害蔬菜基地建设。确保我市 80%的蔬菜面积产品达到无公害认证，同时进一步向绿色、有机蔬菜生产方向发展，申报品牌蔬菜 3～4 个，为无公害蔬菜生产打下坚实的基础。

F. 为认真贯彻市委五届四次全委扩大会议精神，加快我市农业产业化进程，解决好“农业、农村、农民”问题，我局紧紧围绕“三大基地”建设，按照市委、政府的有关文件精神，

大力发展无公害蔬菜等特色作物种植，切实增强农产品的市场竞争力，提供农业的科技含量，促进农村经济持续、健康、快速发展，特制订我市年度农业经济计划。

G. 加强防御体系建设。逐步建立健全人工影响天气防雹、增雨作业预测和决策指挥系统，提高作业的科学性和经济效益。

H. 加强农作物病虫害的综合防治工作。

六、写作题

请根据个人实际为自己制订一份计划，可以是学习方面的，如专业学习、考研、等级考试、阅读等，可以是生活方面的，如消费、锻炼等，可以是工作方面的，也可以是个综合计划；可以是近期安排、打算，也可以是远期职业生涯规划，注意目标明确，措施得当，步骤具体，切实可行。

任务6　总　　结

I. 实训目的

通过本次训练，使学生掌握总结的结构内容与写作方法。

II. 实训要求

1. 授课教师要对本次实训任务有整体的把握。

2. 授课教师要对本次实训的任务分配及其对应的分值予以详尽的介绍，如果是分组完成，要做好相应的协调工作。

III. 实训考核

实训结束，教师对学生的实训情况进行考核，教师综合各考核因素对学生实训成绩进行评定并赋分，成绩评定可按百分制或五级制（优秀、良好、中等、及格、不及格）。对于实训成绩不及格的学生必须进行补训，补训合格才能获得该任务的分数。

IV. 实训任务

【知识回顾】

一、单项选择题

1. 总结的写作一般是使用（　　）。

A. 第一人称　　B. 第二人称

C. 第三人称　　D. 三种人称互用

2. 集体或个人对一定时期内的任务预先设想、部署、安排的一种应用文体是（　　）。

A. 总结　　B. 请示

C. 计划　　D. 申请

3. 总结的最基本的特点是（　　）。

A. 简明性　　B. 时效性

C. 理论性　　D. 客观性

4.《发掘内部潜力，实现扭亏增盈》这篇总结的类型是（　　）。

A. 汇报性总结

B. 经验性总结

C. 年度总结

D. 工作总结

5. 总结的写作要求是（　　）。

A. 实事求是，一分为二

B. 观点和材料统一

C. 有步骤及措施

D. 表达要叙述、议论相结合

【写作实践】

二、病文评改

试读下面这篇病文，分析其在占有材料、分析材料、找出规律性的认识方面做得怎样。

××公司上半年工作总结

半年来本公司在精神文明和物质文明方面做了许多工作，取得了很大成绩。半年来，主要做了以下工作：动员组织公司干部和广大群众学习中央文件；安排、落实全年生产计划；推行、落实工作责任制；修建子弟小学校舍；建方便面生产车间厂房；推销果脯、食品、编织产品；解决原材料不足问题；美化环境，栽花种草；办了一期计算机技术培训班；调整了工作人员，开始试行干部招聘制。

半年来，在工作繁杂，头绪多而干部少的情况下，能做这么多工作，主要是：

一、上下团结。公司领导和一般干部都能同甘共苦，劲往一处使。工作中有不同看法，当面讲、共同协商。互相间有意见能开展批评与自我批评，不犯自由主义的错误。例如，有干部就经理未作商议，擅自更改果脯销售奖励办法，影响产量一事有意见，经当面提出，经理做了自我批评，并共同研究了新的奖励办法，又出现了增产势头。

二、不怕困难。本企业刚刚起步，困难很多，技术力量薄弱，原材料不足；产品销路没有打开等。为此，领导干部共同想办法，他们不怕跑路，放弃自己的休息时间，挨饿受冻，四处联系，终于解决了今年所需要的原料，推销了一些产品。

三、领导带头。公司的几位主要领导带头苦干、实干。他们白天到下边去调查了解情况、解决问题，晚上又开会研究问题，寻找解决的办法。领导干部夜以继日地工作，使公司工作上了台阶。

××公司

××××年×月×日

三、写作训练

1. 入学之初的军训已经结束，请你就自己的军训活动写一篇总结。

2. 请根据自己开学以来的学习情况写一篇600字左右的总结。

任务7　求　职　信

I. 实训目的

通过本次训练，使学生掌握求职信的结构内容与写作方法。

II. 实训要求

1. 授课教师要对本次实训任务有整体的把握。

2. 授课教师要对本次实训的任务分配及其对应的分值予以详尽的介绍，如果是分组完成，要做好相应的协调工作。

III. 实训考核

实训结束，教师对学生的实训情况进行考核，教师综合各考核因素对学生实训成绩进行评定并赋分，成绩评定可按百分制或五级制（优秀、良好、中等、及格、不及格）。对于实训成绩不及格的学生必须进行补训，补训合格才能获得该任务的分数。

IV. 实训任务

【知识回顾】

一、简答题

1. 求职信的开头通常写什么内容？

2. 求职信的正文主体通常包括哪些内容?

3. 求职信的结尾通常写什么?

4. 求职信写作有何注意事项?

【写作实践】

二、写作题

1. 以下是成都某知名食品公司在报纸上发布的一则招聘信息，请合理虚构自己毕业时的学业、持证数量及能力素质情况，向该公司写一封求职信。

要求：符合求职信的基本格式。

招聘信息：

单位简介：（略）

招聘岗位：市场营销（2名）

岗位要求：

（1）大专以上学历，具有市场营销及相关工作经验者优先；

（2）能吃苦耐劳，能适应经常出差；

（3）具有团队精神。

联系方式：（略）

2. 请你收集一则自己心仪的、专业对口的招聘启事，把招聘启事誊抄在练习本上，并根据招聘材料拟写一份求职信。要求：根据自己的特点选择应聘岗位，经历、经验部分可适当杜撰，字数不限。

任务8 竞 聘 稿

I. 实训目的

通过本次训练，使学生掌握竞聘稿的结构内容与写作方法。

II. 实训要求

1. 授课教师要对本次实训任务有整体的把握。

2. 授课教师要对本次实训的任务分配及其对应的分值予以详尽的介绍，如果是分组完成，要做好相应的协调工作。

III. 实训考核

实训结束，教师对学生的实训情况进行考核，教师综合各考核因素对学生实训成绩进行评定并赋分，成绩评定可按百分制或五级制（优秀、良好、中等、及格、不及格）。对于实训成绩不及格的学生必须进行补训，补训合格才能获得该任务的分数。

IV. 实训任务

【知识回顾】

一、判断题

1. 竞聘稿只要介绍好自己的优势和工作能力即可，不必再提出自己任职后的施政目标、构想和措施。(　　)

2. 不必在竞聘稿中表述对竞聘岗位的理解和认识，因为听众都知道竞聘者所竞聘的岗位。(　　)

【写作实践】

二、病文评改

请指出下面这篇竞聘稿的突出毛病，并补写文章缺写的主要内容。

竞聘院学生会主席的演讲

各位老师、各位同学：

大家好！

参加竞聘之前，我一直在想：我应不应该参加这次竞聘？我靠什么来参加这次竞聘？思索再三，我想，我愿意把这次竞聘当成争取尽自己一份责任的机遇，更愿意把这个竞聘过程当作我向各位同学学习，接受各位评判的一个难得的机会。因为我是鼓着十二分的勇气，参加竞聘来的。

我知道，成为一名合格的院学生会主席很不容易。我之所以鼓起勇气参加院学生会主席的竞聘。首先缘于我对同学们的热爱和对学生工作的执著。我相信，一个人，只要他执著地热爱自己的事业，他就一定能把他的事业做好。当然，我也有过一些学生工作的经历，我曾经在高中时当过班长，对组织管理工作并不陌生。有人说，经历是一笔财富，而我更愿意把自己的经历当做一种资源，一种在我今后工作中可以利用、可以共享、可以整合的资源。

当然，我更清楚，成绩也好，经验也罢，它只能说明过去，并不能证明未来。假如我能竞聘成功，我将做好自己应该做的工作。

说到这里，我想起了阿基米德的一句名言："给我一个支点，我可以撬起整个地球。"但在这里，我不敢高喊这类豪言壮语，我只想表达一个愿望，请投我一票，我会尽自己有限的能力给大家于回报！

谢谢大家！

×××

××××年×月×日

三、请评析下面这份竞聘稿

竞 聘 稿

尊敬的领导、亲爱的同学：

你们好！

我是××班的×××，今天我很高兴能够站在这里参加我们系 2008 年度团总支、学生会主要干部竞选，我竞选的职务是学生会主席。

为了让大家对我有一个更深刻的认识和了解，首先让我做一个简短的自我介绍：我叫

×××，来自×××，在初高中阶段，我担任过5年班长，一年团支部书记，在高二时，我担任了××市第五中学学生会主席。进入大学后，我先后担任了×××班班长，系学生会组织督察部副部长、学习部部长，在我任职期间，我组织策划了“××系首届英语演讲比赛”、“××系‘迎新杯’辩论赛，由于准备得充分，两次活动都取得了圆满成功，在学院也产生了一定影响，相信大家都有目共睹。怀着对学生会工作的热爱，我在工作上尽职尽责、兢兢业业，得到了大家的认可，获得了“党校优秀学员”、“团校优秀学员”、“学雷锋先进个人”、“社会工作奖”等光荣称号。

我深知过去的辉煌已成为历史，这些都不能成为我在任何地方居功自傲的资本，我今天把这些成绩重述一遍也并非炫耀，而是把它当作一种阅历，让它时刻鞭策我，鼓励我，让我向着更高的目标迈进，做得更好。

也许我不是最优秀的，但如果我自信，那么我将是最出色的，试试就能行，爱拼才会赢，相信我，我会做得更好。

如果我当选，我将在学生会内部中实行改革和创新，把学生会建设成为一个真正做实事的组织，而不是只说不做的空壳机构。

如果我当选，我将在学院的各项活动中身先士卒，以身作则，带动学生会的工作积极性，将我系的学生工作做好。

如果我当选，我将集思广益，让更多有志于建工系发展的同学加入到我们的行列中来，一起为建工系的明天出谋划策。

如果我当选，我也绝不自满，反而将它看做一种挑战，一份责任，激励自己尽最大的努力去做好每件事情，不辜负建工系所有老师和同学的期盼。

即使我落选，我也绝不气馁，我一定服从组织的安排，坚守本职工作，用平凡的工作做出不平凡的成绩。

同学们，让我们鼓起勇气去面对明天的成败，让青春的光环在这里闪耀，最后我祝愿此次换届活动能够取得圆满成功，学生会的明天有一个崭新的开始，同时，我也期盼明天团总支、学生会的名单上有你有我。

谢谢大家！

××班×××

2012年9月19日

四、写作题

1. 近日，某某学院工商系学生会举行学生干部竞选，李用也报名参加，目标是竞选学生会文艺部部长，请为李用撰写一份竞聘稿。

2. 前程无忧公司走进某高校，举办了校园模拟招聘会，给毕业生提供实战演练机会，模拟招聘会的具体要求是：模拟竞聘者 4 名；竞聘岗位：销售代表。张应作为即将毕业的学生，报名参加了这次模拟竞聘，请为他要拟写一份岗位竞聘稿。

任务9 调查报告

I. 实训目的

通过本次训练，使学生掌握调查报告的结构内容与写作方法。

II. 实训要求

1. 授课教师要对本次实训任务有整体的把握。

2. 授课教师要对本次实训的任务分配及其对应的分值予以详尽的介绍，如果是分组完成，要做好相应的协调工作。

III. 实训考核

实训结束，教师对学生的实训情况进行考核，教师综合各考核因素对学生实训成绩进行评定并赋分，成绩评定可按百分制或五级制（优秀、良好、中等、及格、不及格）。对于实训成绩不及格的学生必须进行补训，补训合格才能获得该任务的分数。

IV. 实训任务

【知识回顾】

一、单项选择题

1. 常用的调查报告有（　　）。

A. 经验调查报告

B. 情况调查报告

C. 问题调查报告

D. 专题调查报告

2. 调查报告的结尾形式有（　　）。

A. 总结全篇主要观点

B. 指出问题，提出建议

C. 指出发展远景

D. 预测未来

3. 在被调查的事物范围中抽取部分进行调查，称为（　　）。

A. 普遍调查　　B. 典型调查

C. 抽样调查　　D. 实地观察

4. 社会实践调查报告的特点是（　　）。

A. 真实性　　B. 针对性

C. 典型性　　D. 系统性

5. 撰写社会实践调查报告前要做许多准备工作，其中最重要的是（　　）。

A. 确定主题　　B. 社会实践

C. 编制提纲　　D. 查阅文献

6. 按照调查中获得材料的性质来分类，把不同类型的材料并列叙述，其结构形式是（　　）。

A. 横式结构　　B. 纵式结构

C. 纵横式结构

7. 根据事件发展过程的先后次序或按调查过的先后顺序安排层次结构，其结构式是（　　）。

A. 横式结构　　B. 纵式结构

C. 纵横式结构

8. 在被调查的事物范围中抽取部分进行调查，称为（　　）。

A. 普遍调查　　B. 典型调查

C. 抽样调查　　D. 实地观察

9.《自贡盐业生产忧喜录》这篇调查报告的标题形式是（　　）。

A. 公文式标题　　B. 提问式标题

C. 结论式标题　　D. 新闻式标题

10. 写作调查报告时，调查所得的材料和结论应放在（　　）。

A. 前言部分　　B. 主体部分

C. 结尾部分　　D. 附录部分

11. 写好调查报告的前提是（　　）。

A. 深入细致、客观公正地调查

B. 围绕问题进行深入的研究

C. 展示重要的、典型的材料

D. 合理安排调查报告的结构

12. 调查报告有两个特点，一是针对性强，二是（　　）。

A. 政策性强　　B. 纪实性强

C. 综合性强　　D. 实用性强

二、多项选择题

1. 调查的方法主要有（　　）。

A. 开调查会　　B. 个别访问

C. 问卷调查　　D. 由有关部门或委托人提供

E. 阅读和检索

2. 调查报告的正文部分应包括（　　）。

A. 标题　　B. 主送机关

C. 前言　　D. 主体

E. 结尾

【写作实践】

三、请以小组形式对校园的某一现象开展调查，撰写一篇调查报告，要求编制调查问卷

四、根据所给材料，撰写一篇调查报告

副业收入高　种田负担重　影响种田户积极性

沔阳县4万多亩农田无人耕种

县领导机关正在着手解决这个问题

湖北省沔阳县实行联产承包责任制以后，农业生产得到迅速发展。但去冬今春，各地相继出现一些农民退田的情况。据不完全统计，全县有4万多亩农田无人耕种。这个情况现在已经引起县领导机关的重视，正在积极着手解决。

据调查，不愿承包农田的农民有几种情况：一是工副业专业户、重点户，他们收入比农

业户高，全县去年新增包田 2.1 万亩，占田面积 27.8%。二是“半边户”，即干属、工属户。这些户有的缺劳力无力耕种，有的改行经营别的去了，共退出责任田 5000 亩，占田面积 10.3%。三是过去迁往湖区的农户。由于耕种条件差，部分搬迁，约退田 4000 亩，占 8.2%。

农民退田还有一个原因是农田承包户负担过重，各级摊派负担过重。如县、社搞水利的亦工亦农人员的报酬由群众摊；管理区编外的林业员、广播员等的工资负担由群众摊；还有养路费、集资办学费等，都由农民负担。据统计，全县去年这类摊派款达 230 多万元，平均每户 10 元以上。同时，各项提留数额大。全县去年提取公粮、水电费、公积金、公益金等合计 3659 万元，平均每户 160 元。非生产性开支大。全县大队、生产队干部 45000 人，每队平均 10 个，一年补贴额达 510 万元；大队“几员”的工资也往下摊派，全县达 444 万元；还有各种临时误工补贴，以及招待费开支。全县非生产性开支粗略统计为 1.378 万元，每户平均 60 元以上。这 3 项合计为 5268 万元，每户平均 300 元，还不包括额外的劳务负担。

农民因为有些东西买也难、卖也难，种田的积极性也受到挫伤。比如去年秋收以后，农民卖粮排长队，许多农民挑出去又挑回来；农民生产需要的化肥、柴油等非常紧缺，到处搞高价。加上粮棉生产周期长，受大自然制约性强，不如工、副业生产保险。经营工副业的纯收入比经营农田生产的社员高 2 倍多。群众说：“种田人不如手艺人，手艺人不如做生意的人。”

模块二

常用公务文书

任务1 公文概述

I. 实训目的

通过本次训练，使学生掌握公文写作的基础知识。

II. 实训要求

1. 授课教师要对本次实训任务有整体的把握。

2. 授课教师要对本次实训的任务分配及其对应的分值予以详尽的介绍，如果是分组完成，要做好相应的协调工作。

III. 实训考核

实训结束，教师对学生的实训情况进行考核，教师综合各考核因素对学生实训成绩进行评定并赋分，成绩评定可按百分制或五级制（优秀、良好、中等、及格、不及格）。对于实训

成绩不及格的学生必须进行补训，补训合格才能获得该任务的分数。

IV. 实训任务

【知识回顾】

一、填空题

1. 目前我国的党政机关公文共有______种。属于上行文的是______________________________，属于下行文的是______________________________，属于平行文的是______________________________。

2. 公文文件眉首部分包括的要素有 6 项，分别是________、________、__________、____________、____________、__________。

3. 发文字号由______________、______________、____________三部分组成。

4. 公文的完全式标题由____________、____________、__________三部分组成。

5. 上行文是____________机关向________________机关呈送的公文。

6. 成文时间以______________签发日期为准。

7. 公文标题除________________加书名号外，一般不用标点符号。

8. 主送机关是指公文主要受理机关，即负责__________或__________行文的机关。

9. 公文标题中的事由多以___________的介词结构形式出现。

二、单项选择题

1. 对下列公文知识说法不正确的一项是（　　）。

A. 主送机关也称作公文的受理单位，俗称“公文抬头”

B. 发文字号依次由发文机关代字、序号、年份组成

C. 草拟、审核、签发等都属于公文的制作程序

D. 如果公文的附件较多时，必须标明附件的顺序和名称

2. 公文的上行文包括（　　）。

A. 函、议案

B. 请示、报告

C. 会议纪要、条例

D. 通报、通知

3. 下行文公文文种的标题由（　　）组成。

A. 发文机关+事由+发文序号

B. 可以省略发文机关，即事由+文种

C. 发文机关+年份+发文序号

D. 发文机关+事由+文种

4. 请根据下文回答（1）~（5）题：

宏远公司文件

宏司［2007］第五号

宏远公司关于“安全检查”工作的通知

第一分公司经理：

根据公司办公会议部署，公司拟于二〇〇七年一月二十日起，就有关“安全检查”工作落实情况，进行抽查。请你单位作好准备。

宏远公司

2007年1月10日

（1）发文字号应为（　　）。

A. 宏司（2007）5号　　B. 宏司（2007）第5号

C. 宏司（2007）05号　　D. 不变

（2）标题的写法是（　　）。

A. 关于进行“安全检查”工作的通知

B. 宏远公司关于进行安全检查工作的通知

C. 关于进行安全检查工作的通知

D. 不变

（3）主送机关的写法是（　　）。

A. 第一分公司经理　　B. 第一分公司×××经理

C. 第一分公司　　D. 不变

（4）正文中“二〇〇七年一月二十日”应为（　　）。

A. 二零零七年一月二十日

B. 2007 年 1 月 20 日

C. 二〇〇七年 1 月 20 日

D. 不变

（5）成文日期应为（　　）。

A. 二零零七年一月十日

B. 2007 年 1 月 10 日

C. 二〇〇七年一月十日

D. 不变

5. 签发人标识用于（　　）。

A. 所有的公文　　B. 上行文

C. 平行文　　D. 下行文

6. 发文字号中的“年度”需要（　　）。

A. 用中括号括起来

B. 用六角括号括起来

C. 用大括号括起来

D. 用方括号括起来

7. 隶属两个上级机关的单位，写请示应当（　　）。

A. 向负责办理请示事项的上级主送，另一个为抄送单位

B. 不同时向所有上级机关主送

C. 任选一个上级机关主送，另一个为抄送单位

D. 同时向所有上级机关主送

8. 发文机关代字指（　　）。

A. 发文机关名称的号码

B. 发文机关名称的缩写

C. 发文机关名称的简称

D. 发文机关名称的别称

9. 几个机关联合发文，发文字号要标明（　　）。

A. 主办机关的

B. 所有机关的

C. 至少两个机关的

D. 根据情况临时规定的

10. 抄送机关指（　　）。

A. 收文机关

B. 办理或答复收文的机关

C. 需要了解收文内容的机关

D. 必须送达的机关

11.《春江饭店关于……的请示》的作者是（　　）。

A. 春江饭店

B. 春江饭店人事部

C. 签发人王总经理

D. 春江饭店全体职工

12. 联合行文的成文时间，以（　　）为准。

A. 领导人签发的日期

B. 最后签发机关领导人签发的日期

C. 发出的日期

D. 会商的日期

13. 受双重领导的机关向上级机关行文，应当（　　）。

A. 写明主送机关和抄送机关

B. 主送一个上级机关

C. 报送两个上级机关

D. 主送并抄送两个上级机关

14. 联合行文的机关应该是（　　）。

A. 两个以上的机关

B. 两个以上的同级机关

C. 上下级机关

D. 不相隶属的两个机关

【写作实践】

三、公文标题拟写题

1. ××物业管理总公司××物业分公司物业管理员叶××恪尽职守、智擒盗贼，保护了业户的人身财产安全，总公司发文表彰他的事迹。

答：________________

2. ××集团总公司对××分公司干部职务任免事项制发公文。

答：________________

3. ××省教育厅要召开一次高等院校招生工作会议，会前要下发一份会议文件。

答：________________

4. 对本县文化馆申请购买电子图书的来文，××县财政局回文，批准对方的请求。

答：________________

5. ××市××动物园内一新建的环保型公共厕所，拟实行收费制度，市园林管理局向市物价局行文，商洽有关事项。

答：________________

6. ××分公司拟将市场开发部与市场营销部合并为市场经营部，就此事向总公司行文。

答：________________

四、请将下面文字按公文格式誊清，并加上标点符号

1. 中国人民银行关于建设单位为拆迁建房问题的复函银发 20××××号××省分行你行建字 20××××号函收到关于为拆迁户建房问题答复如下（一）建设单位因新建工程拆迁场地房屋后需要为拆迁户新建房屋时其投资和建筑面积必须按照设计文件规定的指标纳入基本建设计划（二）用建设单位支付的迁移补偿费用重建房屋时应否按原规定再编制基建计划可由省计委根据具体情况决定特此函复中国人民银行 20××年×月×日

2. 关于表彰先进班组和先进生产者的决定各部门、各车间为推动生产深化改革总结经验表彰先进树立典型进一步深入持久地开展双增双节活动经各车间科室逐级评选厂部审查批准决定二车间二工段第三生产小组等三个班组为先进班组郑礼和等 30 位同志为先进生产者分别颁发奖励证书和奖金予以表彰附先进班组和先进生产者名单××五金机构厂 20××年×月×日

任务2 通　知

I. 实训目的

通过本次训练，使学生掌握通知的结构内容与写作方法。

II. 实训要求

1. 授课教师要对本次实训任务有整体的把握。

2. 授课教师要对本次实训的任务分配及其对应的分值予以详尽的介绍，如果是分组完成，要做好相应的协调工作。

III. 实训考核

实训结束，教师对学生的实训情况进行考核，教师综合各考核因素对学生实训成绩进行评定并赋分，成绩评定可按百分制或五级制（优秀、良好、中等、及格、不及格）。对于实训成绩不及格的学生必须进行补训，补训合格才能获得该任务的分数。

IV. 实训任务

【知识回顾】

一、判断题（公文中的通知和日常活动使用的事务通知有本质的区别。下面几种情况在何种情况下使用公文通知？确定之后，在题目后面的括号内画“√”，在不可使用公文通知的内容后画“×”）

1. 学生会召开各部工作会议，写通知要求各位部长、副部长到会。（　　）

2. ××学院党委要求学院各系党总支学习科学发展观的理论进行研讨，写出有关学习的通知。（　　）

3. 某部队召开一个新兵训练紧急动员大会，写出召开会议通知。（　　）

4. 团支部召开全体团员会议，写出通知。（　　）

5. ××出版社召开一个全国高职教材编写会议，写出会议通知。（　　）

6. ××区政府为转发一个镇政府的工作经验写出的通知。（　　）

7. 因为交通堵塞，交警大队在路口张贴一个要过往行人绕行的通知。（　　）

8．号召学院全体员工大搞环境卫生写出的通知。（　　）

9．批转上级文件发布的通知。（　　）

10．任命××同志为××处处长而写的通知。（　　）

【写作实践】

二、根据下面“通知”内容，在标题的空白处填上“事由”

国务院____________________________________通知

××××××：

国务院同意国家旅游局《关于推广北京建国饭店经营管理方法有关事项的请示》，现转发给你们，望遵照执行。

三、下列公文的标题都有错，请把它们逐一改正

1．关于××县林业局林区防火的通知

改：____________________________________

2．在××学院开展专业技能大赛的通知

改：____________________________________

3．××区政府批转××公司安全生产的通知

改：____________________________________

4．××镇关于春节期间防火防盗的通知

改：____________________________________

5．国家旅游局批转《国务院关于加强旅游工作的决定》的通知

改：____________________________________

四、写作题

1．××区组织部鉴于宣传科副科长刘强同志的出色工作表现，决定任命刘强为宣传科科长。请写一份任免通知，时间自拟。

2．某财经职业技术学院拟于2013年4月下旬开展爱国卫生运动大检查，要求各系、各处室来一次彻底的大扫除，搞好各单位承包区域的环境工作，以便于干干净净地迎接“五一”国际劳动节。请你以某财经职业技术学院爱国卫生运动委员会的名义，写一份通知。发文日

期是 2013 年 4 月 8 日。

3. 东海市西城区教育局定于 2013 年 4 月 8 日给东海市教育局送了一份题为《关于在我区中小学开展弘扬民族精神活动的报告》，东海市教育局认为这份报告写得很好，想让全市各区教育局都知道这一文件的精神。请你代东海市教育局写一份批转性通知。

4. ××市林业局决定于 2013 年 3 月 20 日召开××市林业系统“2012 年度先进个人和先进单位表彰”大会，表扬先进，弘扬正气，以利于 2013 年更好地工作。要求各区、县林业局派一名副局长带队，随带先进经验介绍材料（每人或每单位）一式 30 份。报到日期 2013 年 3 月 19 日，地点：××市林业局办公大楼三楼会议室。请以××市林业局的名义拟写一份会议通知。

五、实务操作

背景说明：你是宏远公司行政秘书高叶，下面是行政经理苏明需要你完成的工作任务。

高叶：

钟苗拟写的《关于表彰宏远公司 2013 年第一季度先进单位、先进个人的通知》已交给我，我认为标题就有问题，请你审读一下，并分析问题。

谢谢。

行政经理　苏明

2013 年 4 月 12 日

任务3 通 报

I. 实训目的

通过本次训练，使学生掌握通报的结构内容与写作方法。

II. 实训要求

1. 授课教师要对本次实训任务有整体的把握。

2. 授课教师要对本次实训的任务分配及其对应的分值予以详尽的介绍，如果是分组完成，要做好相应的协调工作。

III. 实训考核

实训结束，教师对学生的实训情况进行考核，教师综合各考核因素对学生实训成绩进行评定并赋分，成绩评定可按百分制或五级制（优秀、良好、中等、及格、不及格）。对于实训成绩不及格的学生必须进行补训，补训合格才能获得该任务的分数。

IV. 实训任务

【知识回顾】

一、判断题（试判断下列事项哪些可以用通报行文，可以用的打“√”，否则打“×”）

1. ××总公司拟宣传奋不顾身抢救落水儿童的青年工人的事迹。（ ）

2. ×厂拟向市工业局汇报本厂遭受火灾的情况。（ ）

3. ×市安全办公室拟向各有关单位知照全市安全大检查的情况。（ ）

4. ×县县政府拟公布加强机关廉政建设的几条规定。（ ）

5. ×市水电局将召开水利建设工作会议，需告知各县、区水电部门事先作好准备。（ ）

6. ×县纪委拟批评×局×××等干部玩忽职守、造成国家经济损失的错误。（ ）

二、多项选择题

1. 通报有（ ）特点。

A. 具有较强的时效性

B. 让事实和数据说话，而不过多地阐发和论证道理

C. 具有教育性质，主要起宣传教育、沟通情况和交流经验的作用

D. 内容单纯，行文简便

2. 通报按其内容性质划分，可分为（　　）。

A. 表彰性通报

B. 批评性通报

C. 指示性通报

D. 情况通报

3. 通报与通知的区别是（　　）。

A. 通报用来传达重要精神或情况

B. 通报的事例典型，情况重要，具有较大影响

C. 通报的目的是引起读者的广泛注意和从中受到教育，而不着重要求予以具体办理和执行

D. 通知有主送机关通报没有主送机关

4. 缘由是通报正文的重要组成部分。所谓缘由是指通报制发的（　　）。

A. 要求　　B. 原因

C. 根据　　D. 影响

E. 现状

5. 通报的标题一般由（　　）组成。

A. 发文机关名称　　B. 事由

C. 文种　　D. 发文字号

【写作实践】

三、试析评下文毛病，并改写之

××县人民政府关于表扬营业员×××同志的通报

各乡镇人民政府：

二〇〇〇年×月×日中午12时左右，××百货商店××路门市部售表柜台前来了一个青年顾客，提出要买一块“北京”牌手表。青年营业员×××同志将手表拿出上了几扣弦后递给这个顾客，又忙着接待别的顾客。一种强烈的责任促使他随时盯着买表人的动作。忽然，发现那人侧过身子挡住营业员的视线，把表放在耳边装作听表样。这种行为引起了×××同志的警觉，他心想：挑表为什么要侧过身子背对着营业员呢？当他把表交回来的时候，×××

同志立即进行了检查，发现弦是满的，表面上有两道划纹。他马上认定新表已被换走，于是当机立断，喊了一声："你停一下!"那人听到喊声，慌忙向店外跑去。见此情景，×××同志一跃跳到货圈外，用尽力气拼命追赶。霎时间，那家伙穿过胡同，跑出数百米。营业员边追边喊："抓住他！抓住他!"终于在××分局同志的协助下，将罪犯逮住扭送公安派出所，从其衣袋里搜出换去的新表。

×××同志机智果断，不顾个人安危与坏人作斗争，保住了国家财产，精神可嘉。决定给予通报表扬，并颁发奖金，以资鼓励。

××县人民政府

2000年××月××日

四、写作训练

1. 请根据下列材料，以××市医药总公司的名义拟一份批评性通报，下发所属各分公司和各县医药公司。

元月上旬以来，××市××医药总店每天派出两名职工推着流动售货车，佩带××市工商行政管理局最近发给该店的零售营业执照，在市郊人口稠密处销售人参蜂乳精、阿胶、参类、龟苓膏等二十多种不能用公费报销的高档滋补药物。他们公然违反省卫生厅、省财政厅去年12月30日转发的卫生部《关于滋补、营养、饮料等保健类药品不准公费报销的通知》规定，弄虚作假，给购买者均开具发票，上面写的却是普通中草药或西药。市工商行政管理局发现这一情况后已暂时吊销了他们的营业执照，市医药公司也责成他们作出了检讨。

2. 请你以××大学名义拟写一则表彰抢救落水儿童同学的通报。

10月26日上午，我们班30名同学一起去江边野炊。……一天下来同学们都玩得特别开心，吃得非常尽兴。可是就在我们准备离开江边返回学校时，意外情况出现了，我们听到有人喊"救人啦"。这时许多同学都已经走上了江堤，他们听到喊声，立刻丢下手中的东西向发出喊声的地方跑去。只见一个小孩在岸边大喊救人，两个小孩正在江中挣扎，眼看就要被江水吞没了。说时迟那时快，顾文锋、朱小玲、吴书生等几位男同学来不及脱下衣服，便纵身跳进江里，奋力向小孩游去。经过与急流的搏斗，终于将两个小孩救了上来。这时几位下水的同学已经冻得嘴唇发紫，但他们顾不了这些，又和其他同学一起将落水的小孩送到就近的医院。最后，小孩得救了……原来这3个小孩在江边于互相打闹之中不慎落入江中……

任务 4　请示与批复

I. 实训目的

通过本次训练，使学生掌握请示和批复的结构内容与写作方法。

II. 实训要求

1. 授课教师要对本次实训任务有整体的把握。

2. 授课教师要对本次实训的任务分配及其对应的分值予以详尽的介绍，如果是分组完成，要做好相应的协调工作。

III. 实训考核

实训结束，教师对学生的实训情况进行考核，教师综合各考核因素对学生实训成绩进行评定并赋分，成绩评定可按百分制或五级制（优秀、良好、中等、及格、不及格）。对于实训成绩不及格的学生必须进行补训，补训合格才能获得该任务的分数。

IV. 实训任务

【知识回顾】

一、多项选择题

1. 适合请示的事项有（　　）。

A. 向上级汇报工作情况，请求上级指导

B. 下级无权解决的问题，请求上级机关作出指示

C. 下级无力解决的问题，请求上级机关帮助解决

D. 按规定不能自行处理，应经上级批准的事项

E. 工作中出现的一些涉及面广而下级无法独立解决必须请求上级机关协调和帮助的问题

2. 下列事项中，应该用请示行文的有（　　）。

A. ××县教育局拟行文请求上级拨款修复台风刮毁的学校

B. ××县政府拟行文向上级汇报本县灾情

C. ××集团公司拟行文请求上级批准引进肉食品加工自动化生产线

D. ××市政府拟行文向上级反映农民负担增加的情况

3. “请示”应当（ ）。

A. 一文一事

B. 抄送下级机关

C. 一般只写一个主送机关

D. 不考虑上级机关的审批权限和承受能力

4. 下列标题中正确的有（ ）。

A. ××分公司关于请求批准开发新产品的报告

B. ××县人民政府关于解决我县高寒山区贫困户移民搬迁经费的请示

C. ××县人民政府关于请求将××风景区列为省级自然保护区的请示报告

D. ××公司关于解决生产用地的请示

E. ××省移民办公室关于对移民区域作适当调整的请示

5. 请示的下列结语中，正确的有（ ）。

A. 特此请求，请批复

B. 当否，请批准

C. 可否，请批复

D. 请审批

6. 下列各具体事项可以使用请示这一文种的有（ ）。

A. 请求协调与帮助解决本机关无法解决的困难与问题

B. 请求审核批准或批转本机关制定的法规、规章或决定、报告等

C. 请求协调与解决本机关无法解决的困难和问题

D. 根据规定必须履行审批程序的事项

7. 请示的主送对象可以是（ ）。

A. 有商洽必要的平行机关

B. 需请求其批准的不相隶属机关

C. 直属的上级领导机关

D. 上级业务主管部门

【写作实践】

二、请阅读下文，指出其毛病，并写出修改稿

盛达公司关于盛达制衣厂翻建房屋的请示报告

总公司：

我公司下属盛达制衣厂于 2005 年 10 月开始翻建汽车库，且已经拆除了司机、装卸工宿舍、武装部办公室、基建科办公室等共计 510 平方米。因为以上办公用房的拆除，以致汽车无处停放，有关职工无处办公，严重影响正常工作。为缓和厂区占地紧张状况及结合全厂长远规划，故决定一层为汽车库，二层为办公用房。

为解决当前办公用房之急需，决定把已拆除的 510 平方米面积加在汽车库顶层，资金由本公司自行解决。

妥否，请批示。

盛达公司（公章）

二〇〇五年十月三十日

三、阅读下面这篇公务文书，并完成后面的练习

____

市人民政府：

根据省人民政府侨务办公室、省统计局、省财政厅《关于××省首次侨情普查的通知》精神，为进一步做好我市侨务工作和对台工作，把侨、台工作重点转移到为经济建设服务上来，促进我市对外开放和外向型经济的发展，现拟订在全市开展侨、台情况普查工作。现将有关工作安排请示如下：

一、______________________________

凡我市的归侨、侨眷和港、澳、台同胞的亲属，以及他们在海外的亲属，均属于这次普查对象，要对他们的基本情况进行一次普查。凡我市长住户口的居民在港、澳、台地区及国外有亲属关系的，为本次普查摸底的范围。其中属于动迁户的，以户口所在地为准，调查人员可与当地派出所联系，进行登记。

二、＿＿＿＿＿＿＿＿＿＿＿＿＿＿＿＿＿＿＿＿

根据省侨情普查办的要求，各乡、镇、街道要根据本地普查工作量情况，培训一定人数的调查员。各县、区侨台情普查办公室对普查登记表要进行认真审核，无误后，于 1993 年 7 月 30 日前报市侨台情普查办公室，由市侨台情普查办公室组织汇审和验收。

三、普查经费来源（略）

四、＿＿＿＿＿＿＿＿＿＿＿＿＿＿＿＿＿＿＿＿

为加强对这次普查工作的领导，市成立侨台情普查领导小组。领导小组组长由×××副市长担任，副组长由×××秘书长担任，各有关领导同志为领导小组成员。市侨台情普查办公室负责日常工作。各县、区政府要重视这项工作，成立相应的领导机构，抽调必要的人员，保证高质量地完成普查任务。

＿＿＿＿＿＿＿＿＿＿＿＿＿＿＿＿＿＿＿＿

××市侨务办公室

××市台湾事务办公室

××市统计局

××市财政局

一九九三年四月十日

1. 拟写这篇公务文书的标题，填写在文中预留的标题横线上。

2. 在正文序号一、二、四后的横线上各拟一个适当的小标题。

3. 在正文结尾的横线上写上恰当的结束语。

四、阅读下面这则请示，要求回答如下问题

国务院：

经中央批准，今后县、社两级选举的日程工作由民政部负责。但是，在确定民政部门人员编制时没有选举工作这项任务。为了做好这项工作，需要给民政部门增加必要的编制名额。建议给民政部增加八人，每个省、市、自治区 3～4 人，每个地、市、县增加 1～2 人。

……

以上当否，请批示。

1. 阅读后，写出四个以上公文专用语：＿＿＿＿＿＿＿＿＿＿＿＿＿＿

2. 这个请示的依据是：________________________________

3. 这段文字主要请示的内容是：______________________

4. 这个请示的结尾用语：______________________

五、写作训练

1. 根据下述材料，拟写一份请示

××省外资局拟于2005年12月10日派组（局长×××等5人）到美国纽约市××设备公司检验引进设备。此事需向省政府请示。该局曾与对方签订过引进设备的合同，最近对方又来电邀请前去考察。在美考察时间需20天，所需外汇由该局自行解决。各项费用预算，可列详表，作为附件内容。

2. 根据下列材料写一份请示

清水村的学校校舍年代久远，破烂不堪，有的已成危房，再加上入学儿童增加等原因，校舍不够用，决定另选校址新建一座校舍。目前校址已选定，村里通过村民募捐等形式已筹集了部分资金，还打算向乡政府申请拨款50万元。请你代表村委会，给乡政府写一份请示。

注意请示的理由充分具体（可以根据材料合理想象），以得到上级领导的支持，尽快拨款。

任务5 报　告

I. 实训目的

通过本次训练，使学生掌握报告的结构内容与写作方法。

II. 实训要求

1. 授课教师要对本次实训任务有整体的把握。

2. 授课教师要对本次实训的任务分配及其对应的分值予以详尽的介绍，如果是分组完成，要做好相应的协调工作。

III. 实训考核

实训结束，教师对学生的实训情况进行考核，教师综合各考核因素对学生实训成绩进行评定并赋分，成绩评定可按百分制或五级制（优秀、良好、中等、及格、不及格）。对于实训成绩不及格的学生必须进行补训，补训合格才能获得该任务的分数。

IV. 实训任务

【知识回顾】

一、多项选择题

1. 适用于报告写作的事项有（　　）。

A. 向上级汇报工作，反映情况

B. 向下级或有关方面介绍工作情况

C. 向上级提出工作建议

D. 答复群众的查询、提问

E. 答复上级机关的查询、提问

2. 适合作为报告结尾的习惯用语有（　　）。

A. “特此报告”

B. “以上报告，请批复”

C. “以上报告，请审示”

D. “请批准”

E. “如无不妥，请批准”

3. 下列事项，适用报告（　　）。

A. 向上级汇报工作

B. 向上级反映情况

C. 向上级请求购买车辆

D. 答复上级机关的询问或要求

4. 下列说法符合工作报告写作要求的是（　　）。

A. 适宜采用概括叙述的表达方式，避免描述事情的细枝末节或罗列数字

B. 中心明确，重点突出

C. 报告内容应有新意

D. 点面结合，实事求是

【写作实践】

二、下面是一段报告的开头部分，请从给出的公文专用语中选择合适的词，填在文种的括号中

国务院：

（　　）（遵照、根据、为了）今年 4 月 27 日国务院常务会议确定减少农业用柴油补贴原则精神，（　　）（通过、由于、经过）7 月 3 日和 9 月 4 日国家计委联合办公会议讨论，（　　）（而且、经、并）在全国计划会上征求意见，（　　）（对、将、向）我们关于取消生产用柴油价格补贴问题已经取得一致意见，确定年内执行。现（　　）（把、将、根据）我们（　　）（对、将、关于）取消农业用柴油价格补贴问题的意见（　　）（通知、请示、报告）如下：（略）

三、阅读下面这篇报告的正文，在横线处正确填写报告的标题、过渡句、每段段首句、结束语

关于____________________________的报告

××镇：

我××小区在“争创全区模范小区”活动中，开展了如下工作，现将基本情况__________：

1. 小区的退休职工________________________。他们自发组织起来，自编自演，排

练文艺节目，自 10 月份以来，为小区群众表演了 6 场，受到老人和孩子的热烈欢迎。一位老人激动地说，她已经很长时间没有看到这样好的文艺节目了。

2. 小区中临近的各家各户＿＿＿＿＿＿＿＿＿＿＿＿的风气。邻居们互相帮助，相互合作，密切往来，人与人，家庭与家庭形成了和谐气氛。一位老人，儿女在外，孤身一人，他的邻居一直照顾他的生活，使他感受到邻里的温馨。

我小区居委会，准备在今年年底，将先进个人、先进之家的材料上报镇政府，并使这种精神发扬光大，为创建模范小区贡献力量。

＿＿＿＿＿＿

××镇××小区居委会

2012 年 12 月 4 日

四、找出下列公文中的错误并说明理由

关于申请拨给灾区贷款专项指标的报告

省行：

×月×日，××地区遭受了一场历史上罕见的洪水袭击，×江两岸乡、村同时发生洪水，灾情严重。经初步不完全统计，农田受灾总面积达 38000 多亩，各种农作物损失达 100 多万元，农民个人损失也很大。灾后，我们立即深入灾区了解灾情，并发动干部群众积极开展生产自救。同时，为帮助受灾农民及时恢复生产，我们采取了下列措施：

一、对恢复生产所需的资金，以自筹为主。确有困难的，先从现有农贷指标中贷款支持。

二、对受灾严重的困难户，优先适当贷款，先帮助他们解决生活问题。到×月×日止，此项贷款已达××万元。

由于这次灾情过于严重，集体和个人的损失都很大，短期内恢复生产有一定的困难，仅靠正常农贷指标难以解决问题。为此，请省行下达专项救灾贷款指标××万元，以便支持灾区迅速恢复生产。

以上报告当否，请批示。

××银行××市支行

1998 年×月×日

五、写作训练

请合理扩充下面提供的材料，以××分公司的名义向总公司起草一份情况报告。

1. ××××年6月4日凌晨2时40分，××分公司江南百货大楼发生火灾事故。

2. 事故后果：未造成人员伤亡，但该大楼二楼商品被全部烧毁，直接经济损失350万元。

3. 事故原因：二楼某个体裁缝经二楼经理同意从总闸自接线路，夜间没断电导致电线起火。

4. 施救情况：事故发生后，分公司领导马上拨打火警，市消防队出动了8辆消防车，至清晨6点，火灾才被扑灭。

5. 善后工作：分公司经理、副经理多次到现场调查，并对事故进行了认真处理。

任务6　函

I. 实训目的

通过本次训练，使学生掌握函的结构内容与写作方法。

II. 实训要求

1. 授课教师要对本次实训任务有整体的把握。

2. 授课教师要对本次实训的任务分配及其对应的分值予以详尽的介绍，如果是分组完成，要做好相应的协调工作。

III. 实训考核

实训结束，教师对学生的实训情况进行考核，教师综合各考核因素对学生实训成绩进行评定并赋分，成绩评定可按百分制或五级制（优秀、良好、中等、及格、不及格）。对于实训成绩不及格的学生必须进行补训，补训合格才能获得该任务的分数。

IV. 实训任务

【知识回顾】

一、单项选择题

1. 商洽性文件的主要文种是（　　）。

A. 请示　　B. 通知

C. 函　　D. 通报

2. 函灵活简便，可广泛应用于联系各个领域，以下事项不适宜使用函件这一形式的有（　　）。

A. 北京市人民政府就××发电厂建设问题向国家计委申请

B. 上海市浦东区人民政府就浦东新区的道路规划问题向上海市交通厅询问

C. 山东省公安厅就打击车匪路霸问题向华东三省一市的公安厅提出建议

D. 国务院、中央军委就军队营区外义务植树进行指示

3.《××广播局关于向××县国土局申请划拨电视台用地的请示》，该标题的主要错误是（　　）。

A. 违反报告不得夹带请示的规定

B. 违反应协商同意后再发文的规定

C. 错误使用文种，应使用函

D. 错误使用文种，请使用报告

4. “你单位×年×日来函收悉”，是（　　）函的开头写法。

A. 商洽性函

B. 询问性函

C. 发函

D. 复函

5. 从公文处理程序看，函可分为（　　）。

A. 商洽性函和询问性函

B. 请示性函和答复性函

C. 发函和复函

D. 公函和便函

二、多项选择题

1. 关于各种函的写法，下列做法错误的是（　　）。

A. 标题除写明发文机关、事由、文种外，一般还要写明是“函”还是“复函”

B. 主送机关写明受函机关或其领导人，受文面广泛的可以省略主送机关

C. 要根据发函内容的不同，在其结尾使用不同的习惯用语

D. 复函的开头要一一复述来函内容，以证明“来函收悉”

2. 在函正文的结尾处，下列（　　）可以使用。

A. 请尽快函复为盼

B. 敬请予以大力支持

C. 请即函复

D. 特此函告

【写作实践】

三、请在下面这段复函正文的括号里选择最合适的词语

为了提高我区农民的科技文化水平，经（ ）（高职、请示、通过）有关部门同意，决定于 2005 年 10 月在我区举办农民科技文化短训班。为期 15 天，学院 200 人，特（ ）（要求、奉告、请）贵学院（ ）（抽调、选派、派出）有关专业的教师 3 名前来讲授有关课程。（ ）（诚望、希、希望）大力支援（为好、为要、为盼）。

四、改错题

1. 下面是一则病文，试指出其毛病，并写出修改稿。

关于要求报价的函

×××茶厂经理：

我们对你厂生产的绿茶很有兴趣，十分想买一批君山毛尖茶。我公司要求不高，只要求该茶叶品质一级，规格为 100 克一包，望你厂能告诉单价报价和交货日期、结算方式等给我公司。

如果价钱合理，且能给予最好的折扣，我们将做到大批量订货。

此致

敬礼！

××××副食品公司

××××年×月×日

2. 下面是一则病文，试指出其毛病，并写出修改稿。

关于联系教师进修的函

××大学教务处：

首先让我们以××市公关学校的名义，向贵处表示衷心的感谢，过去为我校办学给予了很大的帮助。目前我校又面临一个很难解决的问题。

原来事情是这样的：我校开办不久，师资力量很差，决定派××位年轻教师到贵校旁听进修一年。我校与有关部门多次商量，但××位教师进修住宿问题，至今也没有得到解决。提高教学质量的关键是师资，为提高我校教育质量，恳请贵处设法在贵校给解决住宿问题。但不知贵处是否有什么困难。如果需要我校给贵处办什么事情，请尽管提出，我校会竭力去

办。再说一句，贵处如能解决我校进修教师住宿问题，我们以我校领导的名义向贵校领导深深地表示谢意。

××市公关学校（印章）

××××年×月×日

五、写作训练

请根据下述材料，按照公文格式的要求，以北京市教育委员会的名义拟写一份公函。

教育部留学服务中心向北京市教育委员会发了一封函《关于举办第十六届中国国际教育巡回展的征求意见函》（教留函〔2010〕61号）。北京市教育委员会收到该函后，经过研究，同意该中心于2011年3月12日至3月13日在中国国际贸易中心展览大厅举办第十六届中国国际教育巡回展，并于2010年8月25日，向该中心发函（京教函〔2010〕513号），明确表态同意，希望该中心按有关规定履行展会各项申报手续，并做好组织和安全工作。

任务7 纪 要

I. 实训目的

通过本次训练，使学生掌握纪要的结构内容与写作方法。

II. 实训要求

1. 授课教师要对本次实训任务有整体的把握。

2. 授课教师要对本次实训的任务分配及其对应的分值予以详尽的介绍，如果是分组完成，要做好相应的协调工作。

III. 实训考核

实训结束，教师对学生的实训情况进行考核，教师综合各考核因素对学生实训成绩进行评定并赋分，成绩评定可按百分制或五级制（优秀、良好、中等、及格、不及格）。对于实训成绩不及格的学生必须进行补训，补训合格才能获得该任务的分数。

IV. 实训任务

【知识回顾】

一、多项选择题

1. 会议纪要区别于会议决议的方面是（　　）。

A. 行政机关只用会议纪要不用会议决议

B. 会议纪要的内容可重可轻，涉及的问题可大可小；会议决议的内容一定是原则性重大问题

C. 会议纪要可以反映会议上不同的观点或几种同时存在的意见；而会议决议只能反映多数人通过的统一的观点或意见

D. 会议纪要是把会议情况整理出要点，经机关领导人审核签发后即可定稿；而会议决议初稿写成后，必须经正式会议、按法定程序通过后才能生效

2. 会议纪要适用于（　　）。

A. 记载会议情况　　　　B. 传达会议情况

C. 记载会议议定事项　　D. 传达会议议定事项

3. 会议纪要的正文主要由（　　）构成。

A. 会议概况　　B. 会议精神

C. 会议议定事项或结语　　D. 落款

4. 会议纪要的格式有（　　）两种。

A. "文件"式　　B. "会议纪要"式

C. 加盖印章式　　D. 不加盖印章式

二、判断题（判别下面的文种是不是公文文件，在是公文文件选项后的括号内画"√"，不是公文文件选项的括号内画"×"）

1. 一份材料，真实地记录了×机关会议的议程，按照顺序记录了会议发言的内容。（　　）

2. ××区交通局就一起重大交通事故召开会议，将局长的讲话发布在该局的内部刊物上。（　　）

3. 石龙镇就如何整治全镇脏、乱、差的问题召开镇党委会议，并按照会议记录提炼取舍，整理成文。（　　）

4. 市委宣传工作会议结束之后，有关领导从所有会议材料中找了一份会议期间的简报，认为这是反映会议内容的重要材料之一。（　　）

5. ××学院就教育改革问题召开会议，会后根据会议主要内容整理出一份集中反映会议主旨，宣传会议精神的文件。（　　）

【写作实践】

三、选择合适的短语，填在括号内

这次会议，具有重要的现实意义。会议（　　）（研究、听取、通过）了与会代表的建议和意见，对几项重大工作进行了安排部署。会议（　　）（讨论、落实、强调）了今年工作的实施方案，形成了一致意见。会议（　　）（命令、责成、要求）总公司下属的每个部门，必须通力合作，加强团结。会议（　　）（鼓舞、号召、决定）全体职工振奋精神，再创佳绩！

四、情境写作

试以所在班为单位，召开近期组织全班郊游活动的模拟筹备会，并根据会议情况撰写一份会议纪要。

模块三

常用经济文书

任务1 产品说明书

I. 实训目的

通过本次训练，使学生掌握产品说明书的结构内容与写作方法。

II. 实训要求

1. 授课教师要对本次实训任务有整体的把握。

2. 授课教师要对本次实训的任务分配及其对应的分值予以详尽的介绍，如果是分组完成，要做好相应的协调工作。

III. 实训考核

实训结束，教师对学生的实训情况进行考核，教师综合各考核因素对学生实训成绩进行评定并赋分，成绩评定可按百分制或五级制（优秀、良好、中等、及格、不及格）。对于实训

成绩不及格的学生必须进行补训，补训合格才能获得该任务的分数。

IV. 实训任务

【知识回顾】

一、名称解释

产品说明书

二、简答题

1. 试举例说明“产品介绍”与“商业广告”的区别。

2. 怎样才能把产品说明书写得合乎产品的实际？

【写作实践】

三、下面这则产品介绍写得比较好，请分析其优点

陶瓷轴承

陶瓷轴承与普通铬钢轴承相比，具有诸多优点：(1) 高速性。陶瓷滚动体的质量小，因而离心力小，从而减少了对套圈的接触内应力，能提高其极限转速。(2) 寿命长。陶瓷轴承自旋磨损小，热膨胀系数约为钢的四分之一，工作中温升较低，所以不良预负荷形成破坏的过程缓慢，故寿命较长。(3) 耐高温。流动滚动轴承钢的使用温度极限为400摄氏度，此时钢铁硬度下降很大，而整体式陶瓷轴承还具有非磁性、电绝缘性能好、重量轻、耐腐蚀等特点。

四、阅读下列文字，指出这段说明的主要毛病

液化气炉安全使用说明

液化气炉漏气时怎么办？也许有人会问，为什么好端端的液化气炉会漏气呢？这是产品质量问题嘛！你讲得对，是产品质量问题。尽管本厂产品均经过严格检测，质量合格才准出厂，但是由于种种原因，在用户使用时，仍难免偶有漏气现象。为了进一步提高产品质量，本厂也想了一定的办法。竭诚希望各地用户多提宝贵意见，使本厂产品质量达到新的水平，以满足人民生活的需要。

五、下面这则说明书条理不清，试修改

电热杯使用说明书

电热杯是一种新型的家用电器。这种电热杯要尽量用热水或者开水煮食物，这样可以节约用电；用电时，闻到胶木的糊味或听到爆炸声时要立即切断电源；先放食物后再通电；如

果煮牛奶之类的液体，断电之后要用冷水冲洗，不能马上倒出；食物快熟时立即切断电源，不然就会损坏。

六、请修改下列这则说明书

豆腐粉使用说明

一、将豆腐粉置于容器中，加少量温水，调和成糊状，再加入适量的温开水，调成豆浆。用急火加热煮沸。

二、将小袋凝固剂倒入另一容器中，加微量水调成液状。

三、将熟豆浆倒入凝固剂容器中，静置约5～10分钟即可成豆腐脑。

注意事项：

调浆时注意均匀，以防有疙瘩。

煮浆时要搅拌，防止糊锅底。

事先不要把豆腐粉与凝固剂混合。

制豆浆不加凝固剂。

制豆腐时将凝固好的豆腐脑用布包好轻压10分钟即成。

附：配料比例表（略）

七、请根据下列材料，拟写一份产品说明书

银耳乳白鱼肝油是一种优良的营养滋补剂，由海南鱼肝油厂出品，保存期一年。成人口服每次20毫升，每天可服4次。儿童服用量为成人的二分之一，每天也可服4次。应该在吃饭前或睡觉前服用。银耳乳白鱼肝油可用于防治维生素A、维生素D缺乏症，银耳乳白鱼肝油的成分是精炼银耳浆占60%，鱼肝油占40%，成人、儿童皆可以常年服用，但要注意服前摇匀，服后要密闭，并且放在阴凉避光的地方，周围温度不要低于5摄氏度。

任务2 策 划 书

I. 实训目的

通过本次训练，使学生掌握策划书的结构内容与写作方法。

II. 实训要求

1. 授课教师要对本次实训任务有整体的把握。

2. 授课教师要对本次实训的任务分配及其对应的分值予以详尽的介绍，如果是分组完成，要做好相应的协调工作。

III. 实训考核

实训结束，教师对学生的实训情况进行考核，教师综合各考核因素对学生实训成绩进行评定并赋分，成绩评定可按百分制或五级制（优秀、良好、中等、及格、不及格）。对于实训成绩不及格的学生必须进行补训，补训合格才能获得该任务的分数。

IV. 实训任务

【知识回顾】

一、名称解释

1. 策划

2. 策划书

二、简答题

1. 按策划实现目的来分，策划书可分为哪几类？

2. 你如何理解策划书的可行性这一特点？

3. 专题活动策划书有哪几个基本步骤？

4. 营销策划书由哪几个部分组成？

【写作实践】

三、病文析评

1. 从策划书的创新性评价下面策划方案不足之处。

元旦文艺晚会活动方案

一、活动意义

通过举办元旦晚会，主要意义在于提高同学之间的友谊，发现同学现场主持能力更好的挖掘文艺才人。

二、活动目的

元旦文艺晚会这是一个能给我们快乐的晚会，举办这次晚会能更好地挖掘我们班文艺才人，同时也能提高班同学的团结，增进同学之间的友谊。

三、活动资源需要

教室、音乐设备、丝带、彩带、剪刀、气球、彩喷、喷漆、圣诞图像、双面胶、细红绳、邀请函、礼物、瓜子、糖、饼干、花生、水。

四、活动总负责人

××

五、活动开展

（1）活动主办单位：××学院

（2）活动时间：2012年12月30日晚7：00

（3）活动地点：××教室

六、经费预算

总计活动所需的经费总共要：××元。

七、活动流程

（一）活动前期

（1）向学校申请活动所需要的教室。

（2）准备活动当天所需的设备、用品、食品。

（3）提前把活动地点布置好。

（4）登记好同学所报的节目，并安排好节目的顺序，写好节目单。

（5）写好邀请函，邀请嘉宾来参加我们班举办的文艺晚会。

（6）选好晚会的主持人，主持当天晚会。

（二）活动当天

（1）主持好晚会的开展。

（2）维持现次序不要影响同学大案表演。

（3）观看同学的表演，积极鼓掌。

（三）活动后期

（1）打扫教室的卫生。

（2）晚会结束后将桌凳摆放为原样。

八、活动应注意的细节

（1）活动当天不要瞎起哄影响同学表演，注意班级形象。

（2）活动当天的安全。

（3）活动当天的次序。

这次元旦晚会我们一定会办得更加好，会有更多的表演嘉宾和节目出来，我们会推陈出新，我们会办出和之前不一样的感觉来，我们会做到的。希望大家能够积极地来参加我们的元旦晚会，给我们的选手加油鼓劲，给他们精神上的支持，我们也欢迎大家来积极参加我们的元旦晚会表演节目，我们会欢迎你的到来！

相信我们的学校明天会更好，我们学校的知名度和办学能力一定会更加成功，我们期盼母校的明天建设得更加美好！

（四）后期活动工作

（1）为演员分发小礼品。

（2）费用处理。

（3）书面总结。

（4）VCD 制作。

（5）网络宣传。

（6）上传晚会录像、照片等到院网站。

2. 请指出下文策划方案主要的问题所在。

××学院羽毛球比赛策划方案

为了活跃学校课余体育文化生活，增强学生体质，不断丰富学生课余体育活动，促进学生德智体全面发展，经学院研究决定，召开学院学生羽毛球赛，具体方案如下。

一、参赛对象

大一至大三学生。各班至少挑选4名同学。

二、比赛时间

4月20日下午第三节课。

三、比赛分组及形式

（1）比赛分组：本次活动分2个小组：大一年级组和大二、大三年级组。

（2）比赛形式：采用男子、女子单打和双打的形式。

四、裁判组

组长：王江林

成员：陈明（裁判）、陈朝兴（裁判）、韩传奎（负责计分）、许文静（负责选手抽签、记录分组人员）

五、比赛规则

每场比赛采11球制，获胜一方在接下来的一局比赛中率先发球：

（1）第一轮：淘汰赛。每班选手先与本班选手对打，从获胜者中选出两名学生参加小组赛。

（2）第二轮：淘汰赛的获胜者按照抽签的方式决定单打顺序，由许文静负责选手抽签。本轮比赛决出单打前两名选手。

（3）第三轮：第二轮输的两个选手进行单打，决出第三名；前两名选手进行单打，决出冠、亚军。

（4）双打比赛：每班各派两名学生与同年级的选手对决，采取3局2胜制，每局采用11分制。

六、比赛要求

（1）按照比赛时间安排，班主任负责认真组织本班学生参加比赛。

（2）服从裁判安排，坚持友谊第一、比赛第二的原则，赛出水平，促进交流，增进团结，锻炼身体。

七、比赛奖励

每组单打表彰前三名同学，双打表扬第一名，颁发相应奖品。

四、根据下述材料，拟写一份策划书

以一个值得纪念的日子为题，如同学聚会、重大事件、节日，写出一份策划书，并模拟举办一次庆典活动。

任务3　经济合同

I. 实训目的

通过本次训练，使学生掌握经济合同的结构内容与写作方法。

II. 实训要求

1. 授课教师要对本次实训任务有整体的把握。

2. 授课教师要对本次实训的任务分配及其对应的分值予以详尽的介绍，如果是分组完成，要做好相应的协调工作。

III. 实训考核

实训结束，教师对学生的实训情况进行考核，教师综合各考核因素对学生实训成绩进行评定并赋分，成绩评定可按百分制或五级制（优秀、良好、中等、及格、不及格）。对于实训成绩不及格的学生必须进行补训，补训合格才能获得该任务的分数。

IV. 实训任务

【知识回顾】

一、名词解释

1. 合同

2. 经济合同

二、填空题

经济合同的特点有__________、__________和______________。

三、简答题

1. 经济合同的标题如何写？

2. 经济合同的立合同人如何写？

3. 经济合同的引言如何写？

4. 试述经济合同主体的写作内容。

5. 试述经济合同尾部的写作内容。

6. 试述经济合同写作的注意事项。

【写作实践】

四、病文析评题

试指出下面这份合同存在的问题，并提出应如何修改才能符合经济合同的写作要求。

交换写字楼合同

甲方：××贸易总公司

乙方：××市广告集团公司

甲乙双方为了便于在穗深两地联系业务，需交换写字楼作为各自的办事处。现本着友好合作的精神制定如下协议：

一、甲方在广州市隆兴路168号大楼中为乙方提供一单元住宅（三房一厅，实用面积不得小于80平方米）作为乙方驻穗的办事处用房。

二、乙方在深圳市为甲方提供同样的一单元住宅，规格同上，作为甲方驻深办事处用房。

三、双方分别负责为对方上述办事处供水、供电及安装电话，以确保日常业务活动的正常开展。

四、本合同有效期为五年，是否延期届时根据需要商定。

五、本合同自双方同时履约之日起生效。

六、未尽事宜，由双方另行商定。

甲方代表签字　　　　乙方代表签字

甲方公章　　　　乙方公章

年　月　日　　　　年　月　日

五、根据下述材料，拟写一份合同

李用是今年毕业的学生，他非常幸运地在南京××××研究所找到了自己满意的工作。通过一段时间的实习，他顺利地进入了角色。今天公司来了一名客户洽谈购买磁性选矿机器的事宜，李用是负责此项目的人员。成功洽谈后，请你以李用公司的名义与客户签订一份经济合同。

任务4　招标书与投标书

I. 实训目的

通过本次训练，使学生初步掌握招标书与投标书的结构内容与写作方法。

II. 实训要求

1. 授课教师要对本次实训任务有整体的把握。

2. 授课教师要对本次实训的任务分配及其对应的分值予以详尽的介绍，如果是分组完成，要做好相应的协调工作。

III. 实训考核

实训结束，教师对学生的实训情况进行考核，教师综合各考核因素对学生实训成绩进行评定并赋分，成绩评定可按百分制或五级制（优秀、良好、中等、及格、不及格）。对于实训成绩不及格的学生必须进行补训，补训合格才能获得该任务的分数。

IV. 实训任务

【知识回顾】

一、名称解释

1. 招标书

2. 投标书

二、填空题

1. 招标书又叫_________。

2. 招标书具有_________、_________和_________三个特点。

3. 招标书的正文由_________、_________和_________构成。

4. 投标书又名_________。

5. 投标书具有_________、_________和_________三个特点。

6. 投标书的正文由_________、_________和_________构成。

三、判断题

1. 招标书是一种启事。(　　)

2. 招标书也可用公文式标题。(　　)

3. 投标书介绍己方的优势可以适当拔高。(　　)

4. 投标书常用表格文字综合式表述。(　　)

四、简答题

1. 按性质和内容分，招标书主要有哪些类型?

2. 招标书的前言部分写什么内容?

3. 招标书的主体部分写什么内容?

4. 招标书的结尾部分写什么内容?

【写作实践】

五、病文析评

1. 请按照招标书的写作要求，指出下文缺些什么内容。

××集团公司修建计算中心大楼招标书

本集团公司将修建一栋计算中心大楼，由××市城市建设委员会批准，建筑工程实行公开招标，现将招标有关事项公告如下：

一、工程名称：××集团公司计算中心大楼

二、建筑面积：××××m²

三、设计及要求：见附件

四、承包方式：实行全部包工包料

五、索标书时间：投标人请于2005年6月5日前来人索取招标文书，逾期不予办理。

投标人请将投标文书及上级主管部门的有关签证等，密封投寄或派员直接送本集团公司基建处。收件至2005年7月5日截止。开标日期定于2005年×月×日，在××市公证处公证下启封开标，地点在本集团公司绿湖楼第一会议室。

报告挂号：××××

电话：××××××××

联系人：×××

××集团公司招标办公室

2005 年 5 月 5 日

2. 请按照投标书的写作要求，指出下文存在的问题。

×××× 公司投标书

××××总公司诸位先生：

研究了招标文件 IMLRC—LCB9001 号，对集通铁路项目所需货物我们愿意投标，并授权下述签名人××，×××，代表我们提交下列文件正本一份，副本四份。

（1）投标报价表。

（2）货物清单。

（3）技术差异修订表。

（4）资格审查文件。

签名人兹宣布同意下列各点：

（1）所附投标报价表所列拟供货物的投标总价为×××美元。

（2）投标人将根据招标文件的规定履行合同的责任和义务。

（3）投标人已详细审查了全部招标文件的内容，包括修改条款和所有供参阅的资料及附件，投标人放弃要求对招标文件作进一步解释的权利。

（4）本投标书自开标之日起 90 天内有效。

（5）如果在开标之后的投标有效期撤标，则投标保证金由贵公司没收。

（6）我们理解你们并不限于接受最低价和你可以接受任何标书。

投标单位名称：中国广州×××公司（公章）

地　　址：中国广州××区××街××号

电　　话：××××××××

授权代表：

姓　　名：×××

六、根据下述材料，拟写一份招标公告

××职业技术学院对南校区学生公寓物业管理权进行公开招标，选定物业管理单位对南区学生公寓物业进行管理。管理范围包括：学生公寓（3～14层）28776.5m^2；周边道路、运动场6704m^2；绿化面积1171m^2。招标内容按招标单位提供的《招标文件》。凡达到××市物业管理三级以上资质的物业管理公司或高校后勤服务公司（集团）均可参加投标。

任务 5　市场调查报告

I. 实训目的

通过本次训练，使学生初步掌握市场调查报告的结构内容与写作方法。

II. 实训要求

1. 授课教师要对本次实训任务有整体的把握。

2. 授课教师要对本次实训的任务分配及其对应的分值予以详尽的介绍，如果是分组完成，要做好相应的协调工作。

III. 实训考核

实训结束，教师对学生的实训情况进行考核，教师综合各考核因素对学生实训成绩进行评定并赋分，成绩评定可按百分制或五级制（优秀、良好、中等、及格、不及格）。对于实训成绩不及格的学生必须进行补训，补训合格才能获得该任务的分数。

IV. 实训任务

【知识回顾】

一、判断题

1. 市场调查报告是关于市场发展情况的文书。(　　)

2. 市场调查报告要把调查面放宽，才能更全面地掌握市场情况。(　　)

3. 市场调查报告的写作也要突出重点。(　　)

4. 对自己的观点不利的材料，在市场调查报告中也应附带提及。(　　)

5. 市场调查报告具体有客观真实性，只要把调查的真实情况写出来就行了。(　　)

二、单项选择题

1. 在一定的调查范围里，选择有代表性的样本为对象进行的调查叫(　　)。

A. 重点调查

B. 典型调查

C. 统计调查

D. 抽样调查

2. 赴邯郸调查组拟写一篇介绍该厂经验的调查报告，此文应重点表述（　　）。

A. 报道改革的全过程

B. 分析成功的原因

C. 叙述成绩、问题和建议

D. 着重介绍做法

3.《保定地区十大专业市场分调查》属于（　　）。

A. 经验调查

B. 问题调查

C. 情况调查

D. 典型调查

4. 市场调查具体方法主要有（　　）。

A. 询问法

B. 观察法

C. 实验法

D. 资料研究法

【写作实践】

三、写作题

2006 年 12 月 23 日，中国饮料工业协会年会在北京召开，网易在现场做了独家网络直播。以下为中国饮料工业协会常务副理事长、秘书长赵亚利女士在现场作的“2006 年中国饮料工业协会工作总结与计划”报告。请根据材料，结合实际撰写一篇有关饮料的市场调查报告。

赵亚利：各位代表、各位老总大家好。非常高兴我们一年一度的年会在这里召开。今天之所以选在友谊宾馆，是因为作为高等学府的学子，对于我们整个饮料行业的发展非常关心和关注。在今天这个年会的时间里，我们特别安排在星期六，是为了能让大家相互之间有更多的机会进行互动，来了解饮料行业，以便将来服务于饮料行业。下面我来作协会今年的工作总结。首先先介绍一下 2006 年中国饮料行业的运行情况。

在这个行业情况介绍里将分为 10 个部分：第一部分是行业总量的快速增长。后面的数据都是依照10月份的数据来作表述的，实际上在最新的数据中，1～11月我们的产量已经达到3888万吨，增幅已经达到了25.73%，这是我们没有想到的。这样全年将超过4100万吨。

下面我们来看一下品种结构的调整。

作为我们传统的三大主要品种，瓶装饮用水的比重首次发生了比较大的下调，1～11月它的比重是37.7%，比去年同期下降了3.17%。果汁和果汁饮料的比重在1～11月是20%，比去年同期上涨了2.46%。碳酸饮料在今年1～10月的比重比去年同期下降了1.67%。从这里面我们大家可以看到，饮料的品种结构调整的大的趋势。

在这里面特别要说的，一个是三大品种的比例在下降。最重要的是由于其他品种的高速发展，大家可以看到这条长线增长比去年同期超过了50%。

这里面还有一个比较重要的是，从1～10月份前6名省市比去年提高了28万吨。还有一个，前6名省市的产量比重与去年同期相比都在下降，说明我们的区域在日趋分布合理。

特别要说的一个，在整个全国发展中，山东省非常突出。在传统三强中是广东、浙江、上海，但是在今年1～10月份，山东跃居第三名。

还有一个特别突出的是果汁和果汁饮料，大家看到，这里面除了广东和北京是消费大省，陕西、山东、河南基本都属于资源型的生产大省，包括四川。看这里面和我们的传统概念有些不同，山东现在已经成为瓶装饮用水的消费大省，是第三名。

水果汁的进出口情况，顺差额是3亿多，总地来讲，我们的出口量比去年同期下降，主要是浓缩果汁，进口量主要是浓缩橙汁，上涨13.35%。

从上涨的情况看，橙汁的价格进口价平均上涨了292美元，这对于我们国内果汁和果汁饮料的发展影响非常大。

关于产品集中度，在碳酸饮料和瓶装水两个行业里，产品集中度非常高，14%的碳酸饮料企业数量占全国饮料总产量的21%；瓶装饮用水的企业数占全行业25.6%，但它的产量占全国总产量将近60%。

比较好的消息是我们整个行业的经营情况好转。首先我们看销售收入的同比增长超过了我们产量的同比增长。第二，从利税总额，还超过了销售收入的增长幅度。利润的情况是最好的，我们整个行业在这么困难的情况下保持了利润的增长幅度34%，确实是我们全行业的企业共同努力的结果。

另外一点，行业的亏损额比去年下降了 1.33 亿，这是我们多少年以来首次出现亏损额下降。

另外，我们认为作为产成品库存和应收账款依旧居高不下，这可能是我们企业未来需要改正的方向。

行业的基本情况大概向大家介绍到这里。

下面给大家汇报一下协会从去年下半年到今年 11 月份为止，协会开展的工作以及明年的工作计划。今天的汇报分为 6 个方面。

第一个方面是作为协会的一大项工作：关注行业动态，聚焦行业热点。这里面我们把它归类为 8 个大的方面。

第一是关于"十一五"规划的编制。这点工作是我们在去年的 11 月份开始启动的，目前我们应该是 6 个人执笔，经过了 3 次集体讨论，同时开了一次专家的初审会，目前的版本是第 8 稿，在这里不多讲了。

作为行业工作的第二点，关于零售商、供应商的公平交易方面所做的工作。在今年 3 月份的时候，商务部出台了一个零售商、供应商公平交易管理办法，是一个征求意见稿，挂在网上。在网上发现征求意见稿之后，我们认为这对我们饮料行业来讲是非常重要的。根据我们积累的情况，包括我们和个别企业的电话沟通、了解情况，我们形成了一个对于零售商的发展规划意见，报到了国家商务部。商务部对我们反映的情况非常重视。因为作为行业来集体反映这个情况的不是很多。

在 11 月份的时候，我们召开了饮料行业零售商问题的座谈会，这次会议，商务部的条法司、市场司派人参加。作为我们饮料企业，选择了一些有代表性的企业来参加，大家一起座谈现在发生的问题，对我们饮料行业的发展的影响。

这次会议开完之后，对于商务部出台正式的管理办法起到了一个非常积极的作用。所以有时候我们看上去很不经意的一件事情，可能政府特别需要听取我们的意见，所以我们也特别希望在今后的工作中大家能够积极参与。

在去年 3 月份的时候，英国食品标准局在网上发布一条消息，饮料公函等，特别是包括产品中含有维生素 C 的问题，饮料容易产生苯的问题，这个问题传到国内以后媒体对它的炒作非常大，很多产品已经作好了下架的准备，在这种情况下，协会召开了座谈会，对情况进行了分析，形成了一个说明，以最快的时间在网站发布，而且递交给了有关政府部门。

这里面其中有一个很重要的观点，作为饮料来讲并没有苯含量的标准值，但作为生活饮用水有一个限量。从英国报道的情况，也没有超过这个限量。协会的声明对于平息当时媒体的负面报道起到了重要的作用。在协会声明发表之后，很快的，负面报道就平息了。

我们和国家技术监督局也进行了沟通和汇报，国家技术监督局对于市场上的产品进行了抽检，最后国家技术监督局发表的结果是，我们国家的饮料在苯含量方面都是合格的。从这件事情的处理过程中，对于协会提高突发事件的应对能力确实得到了提升。

下一个关键问题是关于糖价上涨，2006 年初的时候糖价一直居高不下，当时我们想过了这个季节可能会有所下调，所以那时候没有动作，但到了 2006 年 3 月份还是没有动作，糖价继续高涨。在这种情况下，我们召开了一个企业座谈会，为了保证会议效果，我们请到了国家发改委有关部门的领导来听取我们整个行业的意见。在经过充分讨论之后，我们提出了两个要求。一个我们希望政府能够采取一些调控措施，让上下游产业之间和谐发展，同时我们也希望企业要多条腿走路，不能只吊死在蔗糖的一条路上，所以我们希望采用多糖源，同时也希望生产低糖和无糖产品。

在后期工作中，应该说政府对抑制糖价确实采取了一些措施，有了一些作为。尽管食糖拍卖在客观上并没有起到抑制糖价的作用，但表明了政府对这个事情的态度。经过协会的积极争取，作为行业内的 18 家企业，商务部最后认可，参加了食糖拍卖，在一定程度上来说对我们饮料企业也是一种鼓舞。

在政府开展的中国饮料畅销品牌的工作中，因为对我们的行业发展非常重要，所以我们积极参与了这项工作。作为 2005 年的中国名牌一共有 83 名牌。同时在 2006 年植物蛋白饮料瓶装饮用水中国名牌中，有一个新产生的中国名牌是怡宝。另外想向大家汇报一个事情，含氟饮料已经通过了评价结果，但最后还是没有发布，争取列入今年的计划。

下面是关于矿泉水的，在今年有两个事情，一个是国家要取消一部分产品的出口退税。这里面都把矿泉水放在一个很重要的位置，出口退税方面，它把矿泉水作为一个资源性的产品，禁止类项目作为一个加工类的之一，高耗能、高污染的项目。这件事情我们和企业进行了充分的沟通，应该说这两个政策对我们企业的影响不是很大，但对矿泉水的定位发生了一个错误。

在2005年到2006年期间，大家感觉最深的一点就是浓缩橙汁的关税，刚才介绍过了，冷冻浓缩橙汁主要靠进口。在以前，按照国家海关的关税分类，浓缩橙汁应该是7.5%的关税。在去年时发生了一个比较突然的事件，国家把关税上调到了30%，按非冷冻浓缩橙汁关税。这对果汁饮料企业影响非常大，因为现在果汁饮料产量增长非常快。经过我们的努力之后，在去年11月，从财政部海关总署都认可冷冻浓缩橙汁关税回归到7.5%。在去年10月份的时候大家都松了一口气。

在其他方面，人民币汇率上浮，在2006年上半年，国家有关政府部门组织了一些行业调查，浓缩苹果汁经过我们争取列入这个范围之内。还有关于包装物回收利用管理办法，这个办法如果将来出台，对我们饮料企业会加大很多的责任。

下面是我们为企业提供的一些个性化的服务。这是我们行业的第一项大的工作。

第二项大的工作是加强行业的技术工作。一个是《饮料通则》，11月已经向国务院通报。特别要说明一点，杏仁露的标准里有一个大的突破，特征成本的确定以及检测方面的出台，我认为是带有科技成果，应该申报的。

茶饮料和含乳饮料的方面，检测方法目前还处在攻坚阶段。含乳饮料的难点在活菌数，这个活菌数究竟定在多少比较合适，这个事情要特别慎重，因为牵涉国内很多企业。

下面两个标准是我们正在进行中的，大家特别注意到豆浆，作为中国的传统产品，我们已经准备要标准化来进行生产。

另外作为行业公益性的标准，食品添加剂使用卫生标准方面，这个标准对饮料行业影响特别大。另外是微生物限量定额，还有一个是行业取水，这主要是处于行业对全国水资源的节约，在其中能发挥一定的作用，是一个行业标准，一个导向性的。

第三个方面是关于我们为行业做的平台建设。《中国饮料》，发行量已经超过了4000册，企业老板都对杂志给予了很多的支持和关注。

作为协会的网站在最近一年它的总访问人数达到了12万次，最高点击率一天1000人次。

另外我们协会很早就主办了《饮料工业》，在国家新闻出版总署的要求下，当时不能办刊，今年完成了由沈阳迁至北京的过程，目前已经获得了出版证和广告金。

下面这个是我们在座企业都非常熟悉的，一个是我们搞了将近20年的《经济资料汇编》，第二就是我们作为十强企业含有外国牌号碳酸饮料的季度和年度的调查，同时我们会以常务理事、副理事长开展了半年、年度、月度的信息服务，这是从去年开始的。

第四项工作是搭建行业平台，引导行业健康发展。这里面列的几项活动是去年 8 月份开展的几项全国性的活动。

里面特别要说明一点的是，IFU 是国际饮料生产联合会，在去年的时候，把 14 届会议拿到中国来办，这是国际饮料大会首次走进中国，对中国饮料行业的发展起到了非常重要的作用。

在 2006 年，我们在茶、咖啡植物饮料、大豆饮料、果蔬汁和天然饮料方面开了 4 次研讨会，每次大家都觉得比较有收获，有些研讨会是在大家的合力下举办的。

2006 年，还有两个比较重要的工作。一个是筹备 2007 饮料运动健康世界论坛。刚才在会前已经播放了有关的片子。另外一个是第三届中国国际饮料工业科技展。

第五项大的工作是加强与国际的合作交流。其中前两项，一个是橙汁考察代表团，一个是饮料质量考察代表团，我们邀请了相关的政府部门，也是为了今后对我们饮料行业的发展做一个铺垫。

在 2006 年 10 月份，协会应邀参加了国际饮料协会的工作会议，在这次会议上协会加入了国际饮料协会，同时就我们一些工作事项达成了协议。

作为 2007 年的工作计划一共分为五大项。

第一，我们想简单向大家介绍一下 2007 年的世界论坛。饮料 · 运动 · 健康世界论坛，定于明年 6 月 5 日到 8 日进行，Logo 是中国太极图的变形，意味着和谐互动。

背景是响应了世界卫生组织关于全球的策略。同时我们全行业近年来受到一种质疑，含糖，对消费者肥胖起了重要的因素。所以我认为作为饮料行业来讲，我们希望通过我们自己对社会活动的参与来向社会表明态度，我们是有社会责任心的行业。我们的口号是在奥林匹克精神鼓舞下关注饮料关注健康。大家知道 2008 年奥运会将在北京举行，应该说这个机会对我们行业发展是一个很好的契机。

我们特别提出要倡导和促进饮料为消费者健康服务，饮料产业为全民健身运动服务。

我们创建一个理念，饮料 · 运动 · 健康是和谐互动。研讨会期间有三个专题。目前的筹备工作应该是我们从 2004 年上半年开始有了想法，真正启动是在 2006 年。我们向部分国家和地区的协会发出了倡议，希望大家共同联合举办。

参加美国国际饮料协会的工作协议上，我们也应邀向大家介绍了我们对论坛的筹备情况和我们的框架。得到了大家的认可，国际饮料协会已经决定从东京转到北京，和我们明年的论坛同期召开。

目前的主办单位是中国饮料工业协会、国际饮料协会、国际饮料技术家协会、美国饮料协会、澳大利亚饮料协会、欧洲饮料协会。协办单位是前期筹备过程中一起合作的。支持单位有中国轻工业联合会、国家发改委经济运行局、卫生部疾病预防控制局、国家体育总局群众体育司。

在这次会议后期我们会通过一个北京宣言，希望关心这项事业和活动的，有共同理念的企业老板来参加的一个签字仪式。

下面给大家汇报一下关于第三届中国国际饮料工业科技展。明年将在上海举办，前面已经做了两届，都是在北京。展示范围在大家收到的册子里能看到。这些企业都是我们的筹办单位。

这是在展会期间我们配套的行业活动，应该说是非常多，而且有很多人在负责各项具体活动。

我们特别希望在座的会员企业能够为我们提供一些合作，一个是动员自己的供货商参展，另外如果方便的话，如果能把签订合同的仪式、活动放在展会期间。同时我们希望有一些全国性的集团公司，能把公司的内部会议在上海与展会同时召开，为展会争取一些专业关注。同时我们希望公司里组织人员来参观展会。当然，作为协会里的成员单位，向设备供应商、添加剂供应商发出邀请，希望你们能来做参展商。

我今天上午的汇报到此结束，可能超时了，非常对不起。欢迎大家在会后提出批评指正意见。谢谢大家！

任务6　经济活动分析报告

I. 实训目的

通过本次训练，使学生初步掌握经济活动分析报告的结构内容与写作方法。

II. 实训要求

1. 授课教师要对本次实训任务有整体的把握。

2. 授课教师要对本次实训的任务分配及其对应的分值予以详尽的介绍，如果是分组完成，要做好相应的协调工作。

III. 实训考核

实训结束，教师对学生的实训情况进行考核，教师综合各考核因素对学生实训成绩进行评定并赋分，成绩评定可按百分制或五级制（优秀、良好、中等、及格、不及格）。对于实训成绩不及格的学生必须进行补训，补训合格才能获得该任务的分数。

IV. 实训任务

【知识回顾】

一、填空题

1. 经济活动分析报告的主要特点是：______、______、________。

2. 经济活动分析报告的标题主要有三种：__________、_______、__________。

二、单项选择题

1. 经济活动分析正文的构成要素是（　　）。

A. 背景、指标、措施

B. 概况、分析、建议

C. 前言、概况、事实

D. 总则、分则、附则

2. 经济活动分析的开头及概况部分最好（　　）。

A. 用文字概述

B. 用表格表述

C. 以表为主，辅以文字

D. 文字叙述与表格并列

3. 经济活动分析报告分析的主要依据是（　　）。

A. 账面数据

B. 领导的要求

C. 账外影响因素

D. 国家方针政策

4. 经济活动分析的主要用途是（　　）。

A. 探索经济规律

B. 发现问题，采取对策

C. 预测发展趋势

D. 总结成功经验

5. 经济活动分析中使用最为普遍的方法是（　　）。

A. 归纳法

B. 演绎法

C. 比较法

D. 例证法

6. 经济活动分析中用以寻找差异的方法是（　　）。

A. 因素分析法

B. 结构分析法

C. 动态分析法

D. 比较分析法

7. 经济活动分析中用以研究导致差异的原因，主要的方法是（　　）。

A. 比较分析法

B. 因素分析法

C. 比率分析法

D. 差额分析法

8. 经济活动分析写作的核心问题是（　　）。

A. 核心数据

B. 分析差异

C. 探索规律

D. 提出对策

【写作实践】

三、下面这份经济活动分析报告存在不少问题，请运用所学知识，认真分析修改

××麻纺厂经济活动分析

今年，我厂经济形势较好。产品销售收入达 5403 万元，超额完成计划，比去年同期增长了 1/4，增加收入 1039 万元。主要原因如下：

（1）麻纺产品销售收入 3503 万元，完成原计划的 98.34%，比原计划少完成了 59 万元，比上年降低了 4.96%，减少了 183 万元。因为麻产品成本高，产品质量差、合格率低。

（2）地毯产品销售收入 1900 万元，完成计划的 181%，比计划增加了 850 万元，比去年增长了 180%，增加产品收入 1222 万元，因地毯价格提高，销售量也有所增加。

（3）因停电停产减少产值 7 万元。

（4）因调整产品结构，减少产品的收入 10 万元。

（5）因减少库存，增加销售 17 万元左右。

明年原麻价格将进一步上涨，必将影响到麻纺产品生产，但地毯的畅销又为进一步发展生产提供了有利因素，望全厂职工再接再厉，更上一层楼。

××麻纺厂

××××年×月×日

常用礼仪文书

任务1 感 谢 信

I. 实训目的

通过本次训练，使学生掌握感谢信的结构内容与写作方法。

II. 实训要求

1. 授课教师要对本次实训任务有整体的把握。

2. 授课教师要对本次实训的任务分配及其对应的分值予以详尽的介绍，如果是分组完成，要做好相应的协调工作。

III. 实训考核

实训结束，教师对学生的实训情况进行考核，教师综合各考核因素对学生实训成绩进行评定并赋分，成绩评定可按百分制或五级制（优秀、良好、中等、及格、不及格）。对于实训

成绩不及格的学生必须进行补训，补训合格才能获得该任务的分数。

IV. 实训任务

【知识回顾】

一、填空题

1. ________是得到某人或某单位的帮助、支持或关心后答谢别人的书信。

2. 感谢信的特点是________、________、________。

二、单项选择题

1. 按感谢对象的特点来分，感谢信分为写给集体和（　　）。

A. 公开张贴　　B. 寄给单位

C. 写给个人　　D. 寄给集体

2. 感谢信的重点是（　　）。

A. 标题　　B. 落款

C. 正文　　D. 结尾

3. 以下感谢信的写作注意事项错误的是（　　）。

A. 内容要真实

B. 评誉的内容可以夸大溢美

C. 用语要适度

D. 叙事要精练

三、多项选择题

1. 感谢信的分类为（　　）。

A. 写给集体的感谢信

B. 写给个人的感谢信

C. 公开张贴的感谢信

D. 寄给单位、集体或个人的感谢信

2. 感谢信的写作格式包括（　　）。

A. 标题　　B. 称谓

C. 正文　　D. 结语

E. 署名与日期

四、判断题

1. 感谢信与表扬信是一样的，没有区别。(　　)

2. 感谢信评誉的内容可以适当夸大，用于夸张，达到赞美效果(　　)

3. 感谢信可在报社登报、电台广播或电视台播报的感谢信，是一种可以公开张贴的感谢信。(　　)

【写作实践】

五、下面是一篇打乱了次序的感谢信，请你按照感谢信的写作格式，调整次序。

调整后的次序请用段落前的字母表示，正确次序是：________________

感谢信

尊敬的学院领导和老师：

你们好！

A. 深深的感悟，使我认识到生活在我们这个时代的人是多么的幸福啊！我要珍惜这来之不易的国家奖学金，以自己最大的努力来回报党和国家对我的关怀，来感谢学校领导和老师对我的关心帮助。

B. 我看到，我院各级领导都高度重视奖学金和助学金的评审工作。近段时间来，他们严格按照国家奖励和资助学生的相关政策，集体讨论，民主评论，切切实实把国家的奖学金和助学金政策落实到每一个优秀学生和贫困学生。公开、公正、公平地评选出每一位享受国家奖学金和助学金的学生，并张榜进行公示，充分说明学院领导在认真为学生办实事，办好事，看到这一切，我深受感动，在这里我想说一声："你们辛苦了，我向你们表示深深感谢！我一定会努力学习，全面发展，决不辜负你们的期望！"

C. 此致敬礼

D. 从古至今，滴水之恩当涌泉相报。虽然我还不能确定我今后的发展之路，但我会努力让自己做得更好，成为为国家建设和发展的有用人才，为社会作出贡献。

E. 现在，我已深深感受到党和国家对家庭经济困难学生的关怀和重视，作为国家奖学金的获得者，我感到无限的温暖，感谢党和国家对我的关怀，感谢学院领导和老师对我的关心帮助。我感到国家更加富强了，教育更加公平了，党和国家更加重视人才的培养。

F. 从我进入大学的第一天起，我就立志“学业不成誓不还”的坚定信念，刻苦读书、努力钻研，以求靠知识改变自己的命运，改善家里贫困的处境。功夫不负有心人，近 3 年来的学习，由于我的刻苦努力，每年都获得了学院一等奖学金，勉强维持着学习时的生活支出。但从今年初起，由于物价上涨等因素的影响，我的学习与生活面临着严峻的挑战，即使再节俭也是难以维持的，于是我又一次产生了放弃学业的念头。就在我绝望时，是国家的关怀和学院的关心支持帮助了我。获得年度“国家奖学金”，对于我来说是雪中送炭，不仅解了我的燃眉之急，同时又是对我最大的鞭策。

G. 信息工程系计算机应用专业：杨细英××××年×月×日

H. 我是 2005 年考入我院信息工程系计算机应用专业就读的一名学生，我叫杨细英。我是高安人，出生在一个贫穷而又落后的农村。家里有爸爸、妈妈、姐姐、哥哥及我 5 口人。父母在家务农，由于多年的劳累，父母的身体状况十分差，家庭的年收入十分微薄，还有一个哥哥在黑龙江读书，家中一年省吃俭用的钱都给了我和哥哥读书。我知道如今的社会没有知识，没有文化要想发展是不可能的，但现实的家庭困难也曾让我有过放弃学业的念头，因为对于农村一个困难家庭来说，面对两个孩子读书带来的学费及生活等费用的压力是相当大的，困难不言而喻，在我和哥哥读书的几年中，家里一直是债台高筑，但我的爸爸妈妈从没放弃让我们兄妹俩完成学业的心愿。

六、写作题

张文今年大三，经过老师的介绍，他非常顺利地找到了实习的单位，在短短实习时间里，他得到了实习单位领导和同事的帮助和指导。转眼间，愉快的实习生活就要结束，他想通过亲手写一封感谢信的方式表达自己深深的谢意。请你以张文的名义向实习单位赣州市园林局写一封感谢信。

任务2 倡 议 书

I. 实训目的

通过本次训练，使学生掌握倡议书的结构内容与写作方法。

II. 实训要求

1. 授课教师要对本次实训任务有整体的把握。

2. 授课教师要对本次实训的任务分配及其对应的分值予以详尽的介绍，如果是分组完成，要做好相应的协调工作。

III. 实训考核

实训结束，教师对学生的实训情况进行考核，教师综合各考核因素对学生实训成绩进行评定并赋分，成绩评定可按百分制或五级制（优秀、良好、中等、及格、不及格）。对于实训成绩不及格的学生必须进行补训，补训合格才能获得该任务的分数。

IV: 实训任务

【知识回顾】

一、填空题

1. 倡议书的主要特点是________、________和________。

2. 倡议书的种类从作者角度分，可以分为________、________。

二、单项选择题

1. 倡议书正文的内容的写作顺序是（ ）。

A. 背景原因和目的；具体内容和要求；结尾

B. 背景原因和目的；结尾；具体内容和要求

C. 结尾；背景原因和目的；具体内容和要求

D. 内容写作的顺序没有任何要求

2. 倡议书的重点是（ ）。

A. 标题　　B. 称呼

C. 正文　　　　D. 结尾

3. 以下关于倡议书的写作注意事项，错误的是（　　）。

A. 倡议书的背景目的要写清楚，理由要充分

B. 倡议书的措辞要恰当，情感要真挚，同时要富于鼓动性

C. 为了达到倡议的效果，倡议书的篇幅可以增长

D. 倡议书的内容要有新的时尚和精神，要切实可行，要不违背国家的方针政策

4. 倡议书的结尾不可以写（　　）。

A. 表示倡议者的希望

B. 表示敬意或祝愿的话

C. 倡议者的某种建议

D. 表示倡议者的决心

三、多项选择题

1. 倡议书的特点是（　　）。

A. 群众性　　　　B. 公开性

C. 不确定性　　　　D. 约束性

2. 从传播角度分，倡议书分为（　　）。

A. 传单式倡议书

B. 张贴式倡议书

C. 广播式倡议书

D. 登载式倡议书

四、判断题

1. 倡议书就是一种广而告之的书信。它就是要让广大的人民群众知道了解，从而激起更多的人响应，以期在最大的范围内引起共鸣。（　　）

2. 从文章角度看，无论是个人发出的倡议，还是集体发出的倡议，其写法均有所相同。（　　）

3. 倡议书是要求广大群众响应的，然而其对象范围往往是不定的。它即便是在文中明确了自己的具体对象，但实际上有关人员可以表示响应，也可以不表示响应，它本身不具有很强的约束力。而与此无关的别的群众团体却可以有所响应。（　　）

【写作实践】

五、下面是一篇缺少标题并打乱了次序文章，请你按照写作格式，调整次序，给全文拟个标题。

调整后的次序请用段落前的字母表示。正确次序是____________________

标题是____

全体公民：

大家好！

A. 随着人们生活水平的提高，生活垃圾迅猛增多，垃圾堆放、收集、处置不当会滋生细菌，会带来很严重的影响与污染，严重影响人的健康，为此，我提出以下倡议：

B. 近年来，随着龙口经济的迅猛发展，环境污染问题也越来越严重，防止环境污染，保护环境，维持生态平衡，已成为社会发展的一项重要举措，也是每个公民应尽的义务。

C. 我们要对生活垃圾进行科学、合理的分类处理，否则我们就要生活在垃圾里，我们要从身边的小事做起，不乱扔垃圾，保护环境，共建和谐家园。

D.

1. 建立垃圾处理站，把有价值垃圾作为资源，加以开发利用，政府部门在技术上加以指导，进行科学的处理。

2. 对广大农民进行定期宣传教育，提高环保意识，减少日常生活垃圾，开展回收利用大赛。

3. 应在学生中普及环保教育，开设环保科目，规定每个学生必须对处理垃圾的知识有一定的掌握并作出贡献，如尽量不使用塑料袋等一次性制品，并且带动他们的家庭成员。

4. 在农村建造垃圾箱，结束农村“无垃圾桶”的历史，结束望眼是“垃圾的风景”。

5. 多一些能把废料变原料的机构，进行减量、资源二次利用、无害等综合治理。

6. 使用那些能够在短时间内自然风化的塑料“垃圾”，减少白色污染，农村也应像城市一样，“零包装”即简化，减少包装，不能随意随地倒垃圾。

7、大力宣传保护环境，改变市民观念，使更多市民具有环保意识，能分类处理生活垃圾。

××学校 ×××

2008年11月21日

六、写作题

假设目前甲型 H1N1 流感已侵袭到我们的校园中来。甲型 H1N1 流感的主要症状有发热、咳嗽、喉咙痛、头疼、身体疼痛、发冷疲劳、腹泻呕吐等。为全力制止疫情在我校传播，确保师生身体健康和生命安全，请你以我校团委的名义向广大师生发起倡议，按照正确的格式和写作要求，写一篇关于防控甲型 H1N1 流感的倡议书。

任务3 贺信（电）

I. 实训目的

通过本次训练，使学生掌握贺信（电）的结构内容与写作方法。

II. 实训要求

1. 授课教师要对本次实训任务有整体的把握。

2. 授课教师要对本次实训的任务分配及其对应的分值予以详尽的介绍，如果是分组完成，要做好相应的协调工作。

III. 实训考核

实训结束，教师对学生的实训情况进行考核，教师综合各考核因素对学生实训成绩进行评定并赋分，成绩评定可按百分制或五级制（优秀、良好、中等、及格、不及格）。对于实训成绩不及格的学生必须进行补训，补训合格才能获得该任务的分数。

IV. 实训任务

【知识回顾】

一、填空题

1. 贺信的主要特点是________、________和________。

2. 贺信已成为________、________、________对方在某个方面所作贡献的一种常用形式，它还兼有表示慰问和赞扬的功能。

二、单项选择题

1. 以下（　　）不是贺信的特点。

A. 约束力

B. 表扬、庆贺、赞扬对方在某一方面作出的贡献

C. 对人的寿辰、婚姻喜庆表示祝贺

D. 用词感情热烈真挚、语言明快流畅、措辞得体，言简意明，力求短小精悍，篇幅不宜过长

2. 贺信的重点是（　　）。

A. 标题

B. 称呼

C. 正文

D. 落款

3. 以下（　　）不是贺信正文的写作要点。

A. 结合当前的形势，说明对方取得成绩的大背景，或者某个重要会议召开的历史条件

B. 概括说明对方都在哪些方面取得了成绩，分析其成功的主观、客观原因。贺寿的贺信，要概括说明对方的贡献及他的宝贵品质。总之这一部分是贺信的中心部分，一定要交代清楚祝贺的原因

C. 表示热烈的祝贺。要写出自己祝贺的心情，由衷地表达自己真诚的慰问和祝福。要写些鼓励的话，提出希望和共同理想

D. 贺信的正文内容没有具体的写作要求，可以任意发挥

三、多项选择题

1. 贺信的种类是（　　）。

A. 上级给下级的贺信、贺电。可以是节日祝贺；可以是对工作成绩表示祝贺等。这类贺词，最后都要提出希望和要求

B. 下级给上级的贺信、贺电。这类贺词一般是对全局性的工作成绩表示的祝贺，此外还要表明下级对完成有关任务的信心和决心

C. 平级单位之间的贺信、贺电。一般是就对方单位所取得的工作成就表示祝贺，同时还可以表明向对方学习的谦虚态度，以及保持和发展双方关系的良好愿望

D. 国家之间的贺信、贺电。当有外交关系的国家新首脑就职、或者友好国家有重大喜事时，一般要致贺词，这既是礼节上的需要，同时也是谋求双方共同发展、维护双方共同利益的方式

2. 个人之间的贺信，用于互相（　　）。

A. 祝贺

B. 慰勉

C. 鼓励

D. 分享快乐

四、判断题

1. 贺信的用词感情热烈真挚、语言明快流畅、措辞得体，言简意赅，力求短小精悍，篇幅不宜过长。(　　)

2. 下级给上级的贺信、贺电。这类贺词一般是对全局性的工作成绩表示的肯定，此外还要表明下级对完成有关任务的意见和建议。(　　)

3. 贺信是表示庆祝的书信的总称。它是从古代祝辞中演变而来的。(　　)

【写作实践】

五、下面是一篇缺少标题并打乱了次序的文章，请你按照写作格式，调整次序，给全文拟制标题

调整后的次序请用段落前的字母表示。正确次序是________________________________

标题是____

房地产公司全体职工：

A. 最后，祝贵公司全体职工在新一年的项目开发中取得更大的成绩。

B. 喜闻 10 月 2 日是贵公司成立 3 周年纪念日，谨此表示热烈祝贺!

C. 3 年来贵公司全体职工发扬了艰苦创业、自力更生、增产节约、多作贡献的可贵精神，不仅为我市建成了大批优质高档住宅小区，而且培养了大批房地产专业技术人才，支援了兄弟单位。3 年来，贵公司在技术力量方面，给我司以无私的帮助和支援。为此我们表示衷心的感谢，并决心以实际行动向贵公司全体职工学习，努力钻研技术，提高产品质量，为达到同行业的先进水平而努力。

此致

敬礼

××公司

××××年×月×日

六、请修改下面贺信

刘华，你好！

惊悉你考上大学，非常高兴，谨向你致以衷心祝贺！

说来惭愧，咱们同学5年，独我落选。不过，鄙人这次虽然高考不幸，名落孙山，但决不灰心，决心明年再考，即使考不上也不悲观，学府外自学成才的人不是大有人在吗？时至今日，学习计划已具雏形，你学习成绩显著，有何经验之谈或锦囊妙计，莫保守，来信告我。

余不赘述，愿我们在学习的道路上比翼双飞。

张飞

七、写作题

1. 记得在第28届奥运会上，当中国体育健儿驰骋赛场后载誉归来时，全国人民欢欣鼓舞。中共中央、国务院向第28届奥林匹克运动会中国体育代表团致贺信，请你根据要求写作贺信。

2. 假设你的同学自主创业开了一家餐馆，刚刚开业，请你拟写一份贺信。

任务4　邀请函与请柬

I. 实训目的

通过本次训练，使学生掌握常用邀请函与请柬的结构内容与写作方法。

II. 实训要求

1. 授课教师要对本次实训任务有整体的把握。

2. 授课教师要对本次实训的任务分配及其对应的分值予以详尽的介绍，如果是分组完成，要做好相应的协调工作。

III. 实训考核

实训结束，教师对学生的实训情况进行考核，教师综合各考核因素对学生实训成绩进行评定并赋分，成绩评定可按百分制或五级制（优秀、良好、中等、及格、不及格）。对于实训成绩不及格的学生必须进行补训，补训合格才能获得该任务的分数。

IV. 实训任务

【知识回顾】

一、填空题

邀请函的主要特点是________、________、________和________。

二、单项选择题

1. 礼仪活动邀请函是现实生活中常用的一种日常应用写作文种，要注意语言的（　　），看懂就行，文字不要（　　）。

A. 简洁明了　　　　B. 太多太深奥

2. 邀请函的重点是（　　）。

A. 标题

B. 落款

C. 正文

D. 结尾

3. 以下（　　）是邀请函与请柬的相同点。

A. 确指性

B. 发送对象时范围很宽泛

C. 礼仪性，都具有表达思念的意味

D. 无相同点

三、多项选择题

1. 邀请函的特点是（　　）。

A. 礼貌性强

B. 感情诚挚

C. 语言简洁明了

D. 适用面广

2. 邀请函的正文一般包括（　　）。

A. 被邀请者参加活动的日期

B. 被邀请者参加活动的时间

C. 被邀请者参加活动的地点

D. 没有要求

四、判断题

1. 在应用写作中邀请函是非常重要的，而商务活动邀请函是邀请函的一个重要分支。（　　）

2. 邀请函与请柬都是一样的用法，没有区别。（　　）

3. 礼貌性是礼仪活动邀请函的最显著的特征和基本原则。这体现在内容的完全的赞美肯定和固定的礼貌用语的使用上，强调双方和谐友好的交往。（　　）

【写作实践】

五、请修改下列病文

邀请函

李大侠：

我班定于 2014 年 3 月 17 日在丹霞酒店举办 02 级林业班同学聚会，届时邀请你按时参加，敬请光临。

2014 年 3 月 18 日

六、写作题

× × 大学美术学院国画系 2014 级学生决定于 2014 年 9 月 23 日 8:00 在七峰画廊举办画展，欲邀请著名画家娄稠之先生出席开幕式，请你替他们写一份邀请函。

任务5　开幕词与闭幕词

I. 实训目的

通过本次训练，使学生初步掌握开幕词与闭幕词的结构内容与写作方法。

II. 实训要求

1. 授课教师要对本次实训任务有整体的把握。

2. 授课教师要对本次实训的任务分配及其对应的分值予以详尽的介绍，如果是分组完成，要做好相应的协调工作。

III. 实训考核

实训结束，教师对学生的实训情况进行考核，教师综合各考核因素对学生实训成绩进行评定并赋分，成绩评定可按百分制或五级制（优秀、良好、中等、及格、不及格）。对于实训成绩不及格的学生必须进行补训，补训合格才能获得该任务的分数。

IV. 实训任务

【知识回顾】

一、判断题

1. 领导致开幕词或闭幕词要注意语言的感情色彩，以充分地调动与会者的积极性。(　　)

2. 闭幕词一般由德高望重的人向会议所做的最后的讲话。(　　)

3. 闭幕词有时含有欢送的要义，其语言要带有依依惜别的伤感色彩。（　　）

4. 闭幕词结尾以坚定的语气发号召、提希望、表祝愿，最后宣布会议闭幕。(　　)

5. 开幕词是大会的序曲，为会议奠定基调。(　　)

6. 开幕词是对会议进行高度凝练的前瞻和回顾，因此，在一定意义上说，可以将其写成会议报告或会议安排。(　　)

7. 写作开幕词的正文一定把握会议的性质，着重阐明会议特点、意义、要求和希望。(　　)

二、单项选择题

1. “在这辞旧迎新的时刻，我们召开国税工作总结表彰大会，首先我代表局党组，向大家表示崇高的敬意和亲切的慰问”一语是（　　）。

A. 演讲稿的考场白

B. 开幕词的开头语

C. 闭幕词的开头语

D. 领导的讲话稿

2. 开幕词是一些大型会议开始时，由会议主持人或主要领导人所作的开宗明义的讲话，是大会的序曲，其重要任务是（　　）。

A. 安定与会者的心情

B. 制造会议的气氛

C. 调整各方面的关系

D. 为会议定基调

三、多项选择题

1. 开幕词是为会议定基调的，正文部分一般要写（　　）。

A. 会议的性质及重要性

B. 会议的目的及中心任务

C. 会议的主要议程及要求

D. 会议的奋斗目标及深远影响

E. 会议存在的问题及其解决办法

2. 开幕词的结束语一般要求（　　）。

A. 用“预祝大会取得圆满成功”

B. 用“现在宣布大会隆重开幕”

C. 用“谢谢大家”

D. 用“向关心和支持我的各位领导、同志们表示诚挚的感谢”

【写作实践】

四、给下文“2008 年广州博览会开幕词”调整顺序

A.（　　）一年一度的广州博览会，自 1993 年创办，今年刚好是第十五届。

B.（　　）广州博览会的成功举办，一直得到国家和广东省有关部门的关怀，得到全国

各省、市、区及海内外朋友的大力支持，在此，我们表示衷心的感谢！

C.（　　）2008 年广州博览会今天隆重开幕，我代表广州市政府和广州博览会组委会，向出席本届广州博览会的朋友们表示热烈的欢迎！

D.（　　）广州作为我国对内对外商贸活动的重要窗口，将进一步增强区域性中心城市的功能，发挥中国出口商品交易会所在地的优势，把广州博览会办得更有特色，更有成效，为国内外的投资者和创业者提供更广阔的舞台和更多的机会。

E.（　　）最后，祝各参展团取得丰硕成果，祝 2008 年广州博览会取得圆满成功！

F.（　　）10 年来，广州博览会充分展示各地经济发展的新成果，及时提供经济发展的新信息，积极创造经济发展的新机遇，为促进国内外的经贸合作，有效扩大内需，推动各地经济的新发展发挥了重要作用。

G.（　　）进入新的世纪，经济国际化进程加快。按照胡锦涛同志关于把发展作为第一要务的要求，加强与各地经贸交流、合作，取长补短，拓展经济发展空间，是我们共同的需要。

H.（　　）我们热诚欢迎各地朋友多来广州作客，来广州发展，我们将尽我们的努力为大家提供良好的服务。

I.（　　）现在，我宣布：2008 年广州博览会开幕！

五、学院要召开秋季运动会，请你根据本校实际代写一篇开幕词、闭幕词

任务6　欢迎词与欢送词

I. 实训目的

通过本次训练，使学生掌握欢迎词与欢送词的结构内容与写作方法。

II: 实训要求

1. 授课教师要对本次实训任务有整体的把握。

2. 授课教师要对本次实训的任务分配及其对应的分值予以详尽的介绍，如果是分组完成，要做好相应的协调工作。

III. 实训考核

实训结束，教师对学生的实训情况进行考核，教师综合各考核因素对学生实训成绩进行评定并赋分，成绩评定可按百分制或五级制（优秀、良好、中等、及格、不及格）。对于实训成绩不及格的学生必须进行补训，补训合格才能获得该任务的分数。

IV. 实训任务

【知识回顾】

一、判断题

1. 在欢迎词中，话题“障碍”会影响欢迎效果。在欢迎有分歧的宾客时，要避开容易引起对方难堪的话题，注意选择双方共同关心的话题。(　　)

2. 欢迎的热情态度常要通过语言来体现，因此，撰写欢迎词要大量选择感情色彩浓烈，感染力量强大的形容词、比喻词、象征词。(　　)

3. 撰写欢迎词必须尽可能地了解欢迎对象的情况。这样，写起来就有针对性，对方听起来就会感到亲切，从而达到欢迎的目的。(　　)

二、单项选择题

1. 欢迎词的写作要求一般是（　　）。

A. 要了解欢迎对象、选择合适的话题、具有热情的态度

B. 要认识欢迎对象、选择合适的话题、具有热情的态度

C. 要分析欢迎对象、选择合适的话题、具有热情的态度

D. 要认识欢迎对象、选择正确的话题、具有热情的态度

2. “我市是一个贫困地区，在这次会议期间，可能给大家带来了许多不便，敬请原谅。预祝大会圆满成功!”一句用于（　　）。

A. 开幕词

B. 闭幕词

C. 欢迎词

D. 竞选演讲

三、多项选择题

1. 欢迎客人的致词，讲什么，怎么讲，取决于（　　）。

A. 主客双方以往的关系

B. 取决于聚会的缘由和意义

C. 取决于客人的地位

D. 取决于主人的地位

2. 欢迎单位新成员要求（　　）。

A. 新成员的到来时工作的需要

B. 评价并赞赏新成员的特长

C. 介绍本单位的情况

D. 希望新成员发挥作用

【写作实践】

四、修改练习

1. 某校将承办全国中学生运动会，小王作为运动会的志愿者，将负责拟写一段迎接外省某中学生代表团的欢迎词，下面是小王完成的欢迎词，其中在书写、标点符号、表达等方面有6处错误，请你找出来，并改正。

欢迎词

××中学代表团的老师们、同学们，大家好！两千多年前的孔子在他的“论语”中就说过“有朋自远方来，不亦乐乎?”今天，我们热烈欢迎远方的朋友们莅临贵校，我校不止环境

优美、历史悠久，而且热情好客。鄙人是赛会的志愿者，在整个运动会期间，您们有什么困难我们都将倾力相助。衷心祝愿朋友们在运动会上发挥出最佳水平，光荣凯旋而归。

2. 修改下文。

欢送词

尊敬的女士们、先生们：

今天，是一个让我们非常伤感的日子。是因为你们就要离开我们了，我们的心情是依依不舍的。在即将分别的时刻，回想过去几天我们愉快的相聚，真是让人不堪回首，大家相处的时间是短暂的，但我们之间的友好情谊是长久的。我们相信，我们都会想念你们的，希望你们也能记着我们大家。

我国有句古话“来日方长，后会有期”。虽然你们的离去，是我们的巨大遗憾。但我们还是希望大家一路顺风，多多保重！再见了，朋友们。

五、写作题

XX 学校到你学院参观，并洽谈合作事宜，请你为欢迎仪式写一篇欢迎词。

附录一

文章修改符号及其用法

1981 年 12 月，我国发布了中华人民共和国专业校准 GBI—81《校对符号及其用法》。该标准规定的符号共有 22 种，常用的有以下 9 种。

1. 删除号：

删除号是删去字、词、句的符号。第一个符合用于删去句、段；第二个用于删去数字、词或标点符号。

2. 调位号：、、

调位号是调整字、词、句次序的符号。第一个和第二个符号用于个别字或少数字的调位；第三个符号用于大段或隔行的调位，箭头插在移入位置。

3. 增补号：∧、、

增补号是增补字、词、句的符号，一般用在需要增补的字、词、句的上方。第一个符号用于增补个别字；第二个符号用于增补几个字；第三个符号用于增补较多的字数。

4. 提行号：⊢—(

提行号是另起一段的符号。把原来一段的文字分成两段；在需要分段的地方标示，竖线画在起段后的位置上。

5. 压行号：

压行号是降格缩行的符号，用于表示字行退后。

6. 复原号：△△△

复原号表示恢复已删文字的符号。第一符号标在需要复原的文字下方；第二符合用于复原大段文字，符号标在已删部位的四角。

7. 离空号：##

离空号是表示空行、空格的符号。标在需要离空的位置上，空一字距用#表示，空二字距用##算表示。

8. 连接号：

连续号是把两处连接在一起的符号，用于需要连接的地方，箭头指向连接处。

9. 空行号：>、<

空行号是表示空行或缩行的符号。第一符号用于需要空一行的两行之间，标在行的左端；第二个符号用于应联结的两行之间，也标在行的左端。

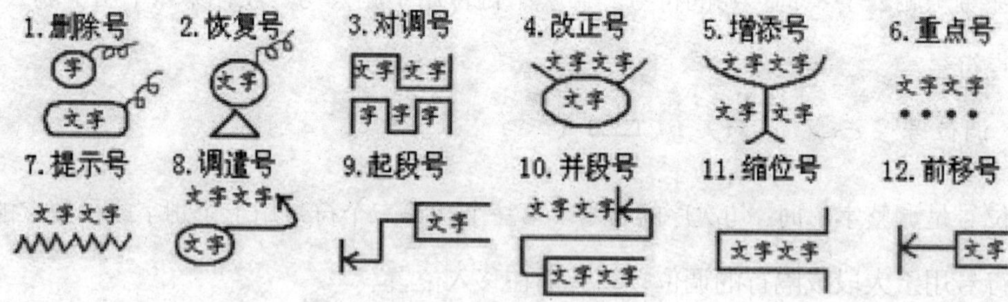

附录二

应用文写作实训成绩评价记录表

内容		成绩			综合评价
		自我评价	组长评价	教师评价	
绪论					
模块一 常用事务文书	任务 1 条据				
	任务 2 申请书				
	任务 3 启事				
	任务 4 会议记录				
	任务 5 计划				
	任务 6 总结				
	任务 7 求职信				
	任务 8 竞聘稿				
	任务 9 调查报告				

续表

内　容		成绩			综合评价
		自我评价	组长评价	教师评价	
模块二 常用公务	任务 1 公文概述				
	任务 2 通知				
	任务 3 通报				
	任务 4 请示与批复				
	任务 5 报告				
	任务 6 函				
	任务 7 纪要				
模块三 常用经济文书	任务 1 产品说明书				
	任务 2 策划书				
	任务 3 经济合同				
	任务 4 招标书与投标书				
	任务 5 市场调查报告				
	任务 6 经济活动分析报告				
模块四 常用礼仪文书文书	任务 1 感谢信				
	任务 2 倡议书				
	任务 3 贺信（电）				
	任务 4 邀请函与请柬				
	任务 5 开幕词与闭幕词				
	任务 6 欢迎词与欢送词				

注：成绩评价可采用百分制或五级制（优秀、良好、中等、及格、不及格）

主要参考文献

[1] 邓玉萍. 应用文书写作. 北京：中国人民大学出版社，2008.

[2] 耿云巧，马俊霞. 现代应用文写作. 北京：清华大学出版社，2007.

[3] 刘金同. 应用文写作教程. 北京：清华大学出版社，2006.

[4] 杨文丰. 高职应用写作. 北京：高等教育出版社，2010.

[5] 郭冬. 秘书写作. 北京：高等教育出版社，2003.

[6] 陈凤仪，郭政. 党政军机关公文写作. 西安：陕西人民教育出版社，1993.

[7] 马怀忠，王金焕. 应用文写作. 北京：中国经济出版社，1995.

[8] 陈子典，胡欣育. 应用文写作. 北京：北京师范大学出版社，2008.

[9] 任群，李昌远. 中华秘书全书·现代通用公文写作卷. 北京：人民日报出版社，1999.

[10] 阳晴. 新编实用文体大全. 北京：气象出版社，2003.

[11]《应用写作》杂志. 吉林：长春理工大学应用写作杂志社，2012.

[12] 刘金同. 应用文写作教程. 北京：清华大学出版社，2006.

[13] 牛殿庆，潘莉. 公文与日常应用文写作. 北京：机械工业出版社，2009.

[14] 李淑云，陈晓. 应用文写作教程. 济南：山东文艺出版社，1996.

[15] 林宗源. 应用文写作. 北京：中国轻工业出版社，2006.